Ivan Kouchnir

Économie de Madagascar

Série "Economie dans les pays"

première publication: 2020
dernière mise à jour: 2021-01-21

Ivan Kouchnir. Économie de Madagascar. Série "Economie dans les pays". - 2020. - 74 pages.

Ce livre sur l'économie de Madagascar des années 1970 aux années 2010. Données source provenant de UN Data.

Taille. Dans les années 2010, le PIB de Madagascar s'élevait à 12,2 milliards de dollars par an; la valeur de l'agriculture était de 3,2 milliards de dollars. Comme la part dans le monde était comprise entre 0,01% et 0,1%, le pays est classé une petite économie.

Productivité. Dans les années 2010, le produit intérieur brut par habitant était de 510,0 dollars; l'agriculture par habitant était de 132,2 dollars. Étant donné que la productivité est inférieure à la moyenne inférieure à la moyenne, l'économie est classée comme moins développée.

Croissance. Dans les années 2010, la croissance du PIB était de 2,9%; la croissance de l'agriculture était de 0,52%.

Structure. Dans les années 2010, l'économie de Madagascar était composée des secteurs suivants: agriculture (34,6%), services (25,3%), commerce (15,8%), industrie (12,5%), transport (8,4%), construction (3,5%).

Exportation et importation. Dans les années 2010, les importations étaient supérieures de 25,5% aux exportations, les importations nettes représentant 6,9% du PIB. La structure technologique des exportations n'est pas meilleure que la structure des importations.

Consommation et reproduction. L'attitude de la reproduction vis-à-vis de la consommation n'est pas meilleure que la moyenne mondiale; ainsi la part du PIB dans le monde n'augmentera donc pas.

Série "Economie dans les pays": parallel.page.link/fr

© Ivan Kouchnir, 2020

Tous les droits sont réservés.

ISBN: 9798614141431

Contenu

Partie I. Taille	4
Chapitre I. Produit intérieur brut	5
Chapitre II. Valeur ajoutée	9
Chapitre III. Revenu national brut	13
Partie II. Structure	17
Chapitre IV. Agriculture	18
Chapitre V. Industrie	22
Chapitre 5.1. Fabrication	26
Chapitre VI. Construction	31
Chapitre VII. Transport	35
Chapitre VIII. Commerce	39
Chapitre IX. Services	43
Partie III. Relations extérieures	47
Chapitre X. Exportations	48
Chapitre XI. Importations	53
Partie IV. Consommation	58
Chapitre XII. Dépenses publiques	59
Chapitre XIII. Dépenses ménagères	63
Chapitre XIV. Consommation de nourriture	67
Partie V. Reproduction	70
Chapitre XV. Formation de capital fixe	71

Partie I. Taille

	Les années 2010
PIB	12,2 milliards de dollars
Partager dans le monde	0,016%
Partager en Afrique	0,53%
Partager en Afrique de l'Est	3,9%

Chapitre I. Produit intérieur brut

Le PIB de Madagascar est passé de 1,9 milliards de dollars par an dans les années 1970 à 12,2 milliards de dollars par an dans les années 2010, c'est-à-dire 10,3 milliards de dollars ou de 6,4 fois. La variation a été de 8,4 milliards de dollars en raison de l'augmentation de 3,2 fois des prix, et de -2,3 milliards de dollars en raison de la baisse de productivité de 1,6 fois, et de 4,2 milliards de dollars en raison de la croissance démographique. La croissance annuelle moyenne du produit intérieur brut était de 1,8%. La valeur minimale était de 1,1 milliards de dollars en 1970. La valeur maximale était de 14,1 milliards de dollars en 2019.

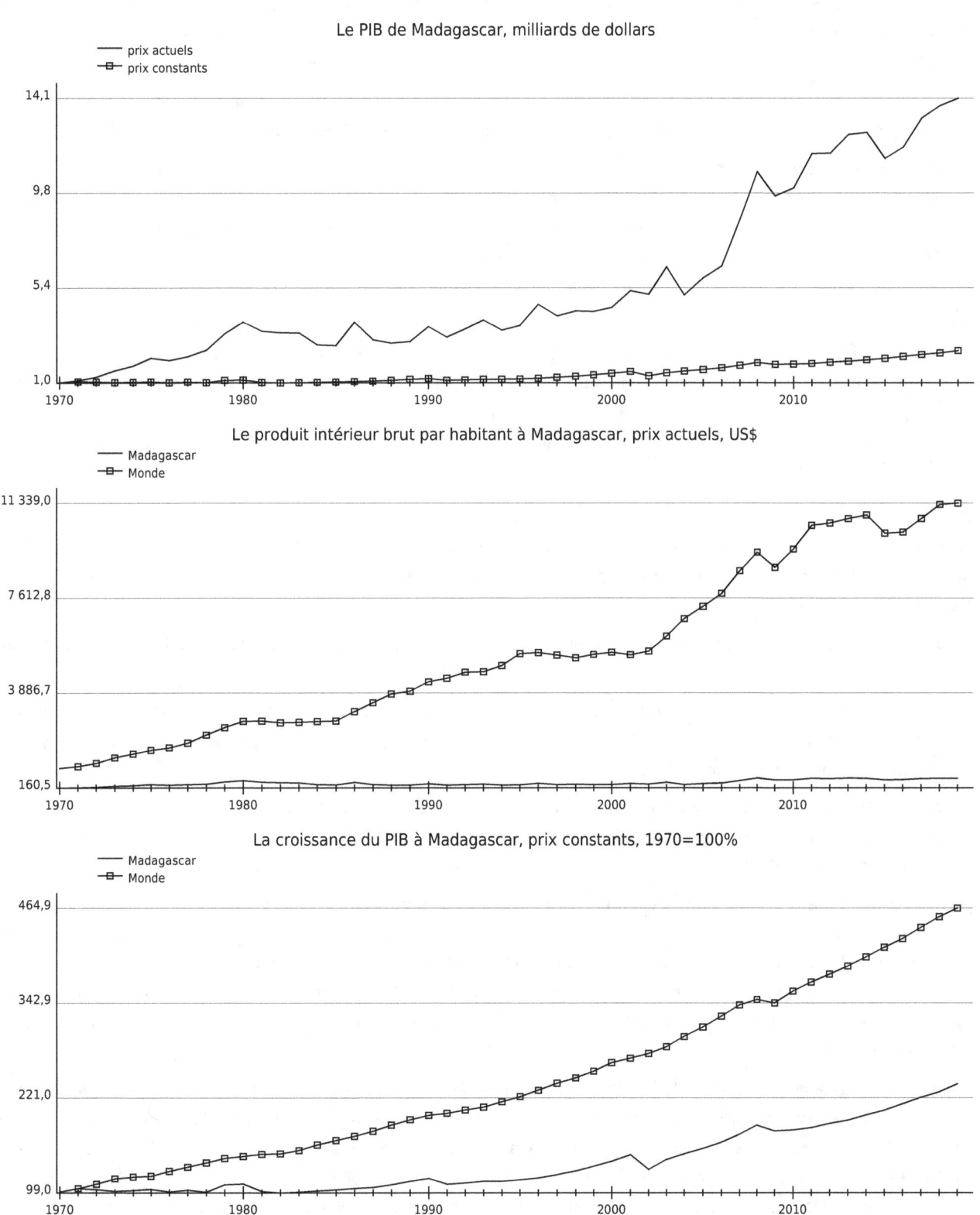

Les années 1970

Le produit intérieur brut de Madagascar était de 1,9 milliards de dollars par an dans les années 1970, se classant au 99ème rang mondial. La part dans le monde était de 0,029% et de 0,72% en Afrique.

Le PIB de Madagascar était constitué des dépenses ménagères (80,2%), des dépenses publiques (23,6%) et de la formation de capital (10,8%).

Le produit intérieur brut par habitant à Madagascar était de 256.4 dollars dans les années 1970, se situant au 155ème rang mondial, à égalité avec le Niger (256,3 de dollars), l'Indonésie (259,3 de dollars). Le produit intérieur brut par habitant à Madagascar était 6,3 fois inférieur le produit intérieur brut par habitant au Monde (1 620,8 US$), et 2,5 fois inférieur le produit intérieur brut par habitant en Afrique (648,3 US$).

La croissance du produit intérieur brut à Madagascar était de 1% dans les années 1970, se situant au 165ème rang mondial. La croissance du PIB à Madagascar (1,0%) a été inférieure à celle du monde (4,1%), et inférieure à celle de l'Afrique (4,5%).

Comparaison avec les voisins. Le PIB de Madagascar était supérieur à celui de Maurice (631,7 millions de dollars), des Comores (99,6 millions de dollars) et des Seychelles (63,5 millions de dollars); mais inférieur à celui du Mozambique (5,6 milliards de dollars). Le PIB par habitant à Madagascar était inférieur à celui des Seychelles (1 080,0 de dollars), de Maurice (711,8 de dollars), du Mozambique (558,2 de dollars) et des Comores (386,0 de dollars). La croissance du produit intérieur brut à Madagascar était inférieure à celle des Seychelles (9,2%), de Maurice (7,6%), des Comores (4,4%) et du Mozambique (3,9%).

Comparaison avec les leaders. Le produit intérieur brut de Madagascar était inférieur à celui des États-Unis (1,7 billions de dollars), de l'URSS (649,4 milliards de dollars), du Japon (558,0 milliards de dollars), de l'Allemagne (484,2 milliards de dollars) et de la France (333,2 milliards de dollars). Le PIB par habitant à Madagascar était inférieur à celui des États-Unis (7 838,7 de dollars), de la France (6 214,9 de dollars), de l'Allemagne (6 148,9 de dollars), du Japon (5 011,3 de dollars) et de l'URSS (2 574,9 de dollars). La croissance du produit intérieur brut à Madagascar était inférieure à celle de l'URSS (4,8%), du Japon (4,6%), de la France (3,9%), des États-Unis (3,5%) et de l'Allemagne (3,1%).

Les années 1980

Le PIB de Madagascar était de 3,2 milliards de dollars par an dans les années 1980, au 107ème rang mondial à égalité avec Chypre (3,2 milliards de dollars), les Bahamas (3,2 milliards de dollars), l'Afghanistan (3,3 milliards de dollars). La part dans le monde était de 0,021% et de 0,60% en Afrique.

Le PIB de Madagascar était constitué des dépenses ménagères (78,6%), des dépenses publiques (18,1%) et de la formation de capital (10,5%).

Le produit intérieur brut par habitant à Madagascar était de 322.1 dollars dans les années 1980, au 165ème rang mondial. Le produit intérieur brut par habitant à Madagascar était 9,7 fois inférieur le produit intérieur brut par habitant au Monde (3 123,4 US$), et 3,1 fois inférieur le PIB par habitant en Afrique (993,3 US$).

La croissance du PIB à Madagascar était de 0.4% dans les années 1980, se classant au 157ème rang mondial, à égalité avec l'Afrique de l'Ouest (0,40%). La croissance du produit intérieur brut à Madagascar (0,40%) a été inférieure à celle du monde (3,0%), et inférieure à celle de l'Afrique (1,8%).

Comparaison avec les voisins. Le produit intérieur brut de Madagascar était supérieur à celui de Maurice (1,5 milliards de dollars), des Comores (302,4 millions de dollars) et des Seychelles (236,9 millions de dollars); mais inférieur à celui du Mozambique (6,3 milliards de dollars). Le produit intérieur brut par habitant à Madagascar était inférieur à celui des Seychelles (3 435,7 de dollars), de Maurice (1 488,5 de dollars), des Comores (859,4 de dollars) et du Mozambique (501,2 de dollars). La croissance du produit intérieur brut à Madagascar était supérieure à celle du Mozambique (-0,18%); mais inférieure à celle de Maurice (4,3%), des Comores (3,3%) et des Seychelles (2,5%).

Comparaison avec les leaders. Le produit intérieur brut de Madagascar était inférieur à celui des États-Unis (4,2 billions de dollars), du Japon (1,8 billions de dollars), de l'Allemagne (990,0 milliards de dollars), de l'URSS (887,0 milliards de dollars) et de la France (729,5 milliards de dollars). Le produit intérieur brut par habitant à Madagascar était inférieur à celui des États-Unis (17 427,1 de dollars), du Japon (14 970,9 de dollars), de la France (12 907,5 de dollars), de l'Allemagne (12 688,8 de dollars) et de l'URSS (3 222,9 de dollars). La croissance du PIB à Madagascar était inférieure à celle de l'URSS (4,3%), du Japon (4,3%), des États-Unis (3,1%), de la France

Chapitre I. Produit intérieur brut

(2,3%) et de l'Allemagne (1,9%).

Les années 1990

Le PIB de Madagascar était de 3,9 milliards de dollars par an dans les années 1990, se situant au 124ème rang mondial à égalité avec Maurice (3,9 milliards de dollars), le Mozambique (3,8 milliards de dollars). La part dans le monde était de 0,014% et de 0,66% en Afrique.

Le PIB de Madagascar était constitué des dépenses ménagères (72,3%), des dépenses publiques (11,6%) et de la formation de capital (11,0%).

Le PIB par habitant à Madagascar était de 290 dollars dans les années 1990, au 192ème rang mondial, à égalité avec l'Ouganda (290,2 de dollars), la Tanzanie (290,7 de dollars). Le produit intérieur brut par habitant à Madagascar était 17,3 fois inférieur le produit intérieur brut par habitant au Monde (5 020,1 US$), et 2,9 fois inférieur le PIB par habitant en Afrique (833,3 US$).

La croissance du produit intérieur brut à Madagascar était de 1.6% dans les années 1990, se classant au 150ème rang mondial, à égalité avec la Libye (1,6%), l'Afrique australe (1,6%), le Togo (1,6%). La croissance du PIB à Madagascar (1,6%) a été inférieure à celle du monde (2,8%), et inférieure à celle de l'Afrique (2,4%).

Comparaison avec les voisins. Le produit intérieur brut de Madagascar était supérieur à celui de Maurice (3,9 milliards de dollars), du Mozambique (3,8 milliards de dollars), des Seychelles (595,6 millions de dollars) et des Comores (483,4 millions de dollars). Le produit intérieur brut par habitant à Madagascar était supérieur à celui du Mozambique (253,5 de dollars); mais inférieur à celui des Seychelles (7 881,4 de dollars), de Maurice (3 452,2 de dollars) et des Comores (1 029,9 de dollars). La croissance du produit intérieur brut à Madagascar était inférieure à celle du Mozambique (6,2%), des Seychelles (5,1%), de Maurice (5,1%) et des Comores (1,8%).

Comparaison avec les leaders. Le PIB de Madagascar était inférieur à celui des États-Unis (7,6 billions de dollars), du Japon (4,3 billions de dollars), de l'Allemagne (2,2 billions de dollars), de la France (1,4 billions de dollars) et du Royaume-Uni (1,3 billions de dollars). Le produit intérieur brut par habitant à Madagascar était inférieur à celui du Japon (34 325,0 de dollars), des États-Unis (28 654,0 de dollars), de l'Allemagne (27 003,8 de dollars), de la France (24 100,9 de dollars) et du Royaume-Uni (22 920,4 de dollars). La croissance du PIB à Madagascar était supérieure à celle du Japon (1,5%); mais inférieure à celle des États-Unis (3,2%), du Royaume-Uni (2,3%), de l'Allemagne (2,2%) et de la France (2,0%).

Les années 2000

Le produit intérieur brut de Madagascar était de 6,7 milliards de dollars par an dans les années 2000, se classant au 127ème rang mondial à égalité avec Maurice (6,9 milliards de dollars), l'Afghanistan (6,6 milliards de dollars). La part dans le monde était de 0,014% et de 0,61% en Afrique.

Le produit intérieur brut de Madagascar était constitué des dépenses ménagères (68,8%), de la formation de capital (24,8%) et des dépenses publiques (14,4%).

Le PIB par habitant à Madagascar était de 372.1 dollars dans les années 2000, au 196ème rang mondial. Le produit intérieur brut par habitant à Madagascar était 19,3 fois inférieur le produit intérieur brut par habitant au Monde (7 176,3 US$), et 3,3 fois inférieur le PIB par habitant en Afrique (1 228,8 US$).

La croissance du produit intérieur brut à Madagascar était de 3% dans les années 2000, se classant au 138ème rang mondial, à égalité avec la Slovénie (2,9%), la Croatie (3,0%), le Monde (3,0%). La croissance du PIB à Madagascar (3,0%) a été inférieure à celle du monde (3,0%), et inférieure à celle de l'Afrique (5,1%).

Comparaison avec les voisins. Le PIB de Madagascar était supérieur à celui des Seychelles (880,1 millions de dollars) et des Comores (703,9 millions de dollars); mais inférieur à celui du Mozambique (8,3 milliards de dollars) et de Maurice (6,9 milliards de dollars). Le produit intérieur brut par habitant à Madagascar était inférieur à celui des Seychelles (10 113,2 de dollars), de Maurice (5 648,5 de dollars), des Comores (1 161,9 de dollars) et du Mozambique (411,5 de dollars). La croissance du PIB à Madagascar était supérieure à celle des Seychelles (1,5%) et des Comores (0,90%); mais inférieure à celle du Mozambique (7,5%) et de Maurice (4,4%).

Comparaison avec les leaders. Le produit intérieur brut de Madagascar était inférieur à celui des États-Unis (12,6 billions de dollars), du Japon (4,7 billions de dollars), de l'Allemagne (2,8 billions de dollars), de la Chine (2,6 billions de dollars) et du Royaume-Uni (2,3 billions de dollars). Le PIB par habitant à Madagascar était inférieur à celui des États-Unis (42 841,2 de dollars), du Royaume-Uni (38 399,3 de dollars), du Japon (36 386,2 de dollars), de l'Allemagne (33 966,8 de dollars) et de la Chine (1 954,1 de dollars). La croissance du produit intérieur brut à Madagascar était supérieure à celle des États-Unis (1,9%), du Royaume-Uni (1,7%), de l'Allemagne (0,73%) et du Japon (0,50%); mais inférieure à celle de la Chine (10,3%).

Les années 2010

Le PIB de Madagascar était de 12,2 milliards de dollars par an dans les années 2010, au 133ème rang mondial à égalité avec la Namibie (12,2 milliards de dollars), le Tchad (12,1 milliards de dollars), Maurice (12,4 milliards de dollars). La part dans le monde était de 0,016% et de 0,53% en Afrique.

Le produit intérieur brut de Madagascar était constitué des dépenses ménagères (73,1%), de la formation de capital (19,4%) et des dépenses publiques (14,9%).

Le PIB par habitant à Madagascar était de 510 dollars dans les années 2010, au 205ème rang mondial, à égalité avec le Liberia (499,6 de dollars). Le produit intérieur brut par habitant à Madagascar était 20,8 fois inférieur le produit intérieur brut par habitant au Monde (10 603,1 US$), et 3,9 fois inférieur le PIB par habitant en Afrique (1 979,5 US$).

La croissance du PIB à Madagascar était de 2.9% dans les années 2010, au 111ème rang mondial, à égalité avec la Grenade (2,9%), les Kiribati (2,9%). La croissance du PIB à Madagascar (2,9%) a été inférieure à celle du monde (3,1%), et supérieure à celle de l'Afrique (2,9%).

Comparaison avec les voisins. Le PIB de Madagascar était 9,2 fois supérieur à celui des Seychelles (1,3 milliards de dollars) et 11,5 fois supérieur à celui des Comores (1,1 milliards de dollars); mais 17,3% inférieur à celui du Mozambique (14,8 milliards de dollars) et 1,1% inférieur à celui de Maurice (12,4 milliards de dollars). Le PIB par habitant à Madagascar était 27,7 fois inférieur à celui des Seychelles (14 104,1 de dollars), 19,3 fois inférieur à celui de Maurice (9 824,6 de dollars), 2,7 fois inférieur à celui des Comores (1 379,1 de dollars) et 7,6% inférieur à celui du Mozambique (551,8 de dollars). La croissance du PIB à Madagascar était inférieure à celle du Mozambique (5,5%), des Seychelles (4,8%), des Comores (4,7%) et de Maurice (3,8%).

Comparaison avec les leaders. Le PIB de Madagascar était 1 469,0 fois inférieur à celui des États-Unis (18,0 billions de dollars), 859,2 fois inférieur à celui de la Chine (10,5 billions de dollars), 427,6 fois inférieur à celui du Japon (5,2 billions de dollars), 299,5 fois inférieur à celui de l'Allemagne (3,7 billions de dollars) et 226,3 fois inférieur à celui du Royaume-Uni (2,8 billions de dollars). Le PIB par habitant à Madagascar était 110,2 fois inférieur à celui des États-Unis (56 220,1 de dollars), 87,7 fois inférieur à celui de l'Allemagne (44 732,1 de dollars), 82,7 fois inférieur à celui du Royaume-Uni (42 176,3 de dollars), 80,1 fois inférieur à celui du Japon (40 869,8 de dollars) et 14,7 fois inférieur à celui de la Chine (7 491,3 de dollars). La croissance du PIB à Madagascar était supérieure à celle des États-Unis (2,3%), de l'Allemagne (1,9%), du Royaume-Uni (1,8%) et du Japon (1,3%); mais inférieure à celle de la Chine (7,7%).

Chapitre II. Valeur ajoutée

La valeur ajoutée de Madagascar est passé de 2,2 milliards de dollars par an dans les années 1970 à 11,7 milliards de dollars par an dans les années 2010, c'est-à-dire 9,5 milliards de dollars ou de 5,4 fois. La variation a été de 7,3 milliards de dollars en raison de l'augmentation de 2,7 fois des prix, et de -2,6 milliards de dollars en raison de la baisse de productivité de 1,6 fois, et de 4,8 milliards de dollars en raison de la croissance démographique. La croissance annuelle moyenne de la valeur ajoutée était de 1,8%. La valeur minimale était de 1,2 milliards de dollars en 1970. La valeur maximale était de 13,4 milliards de dollars en 2019.

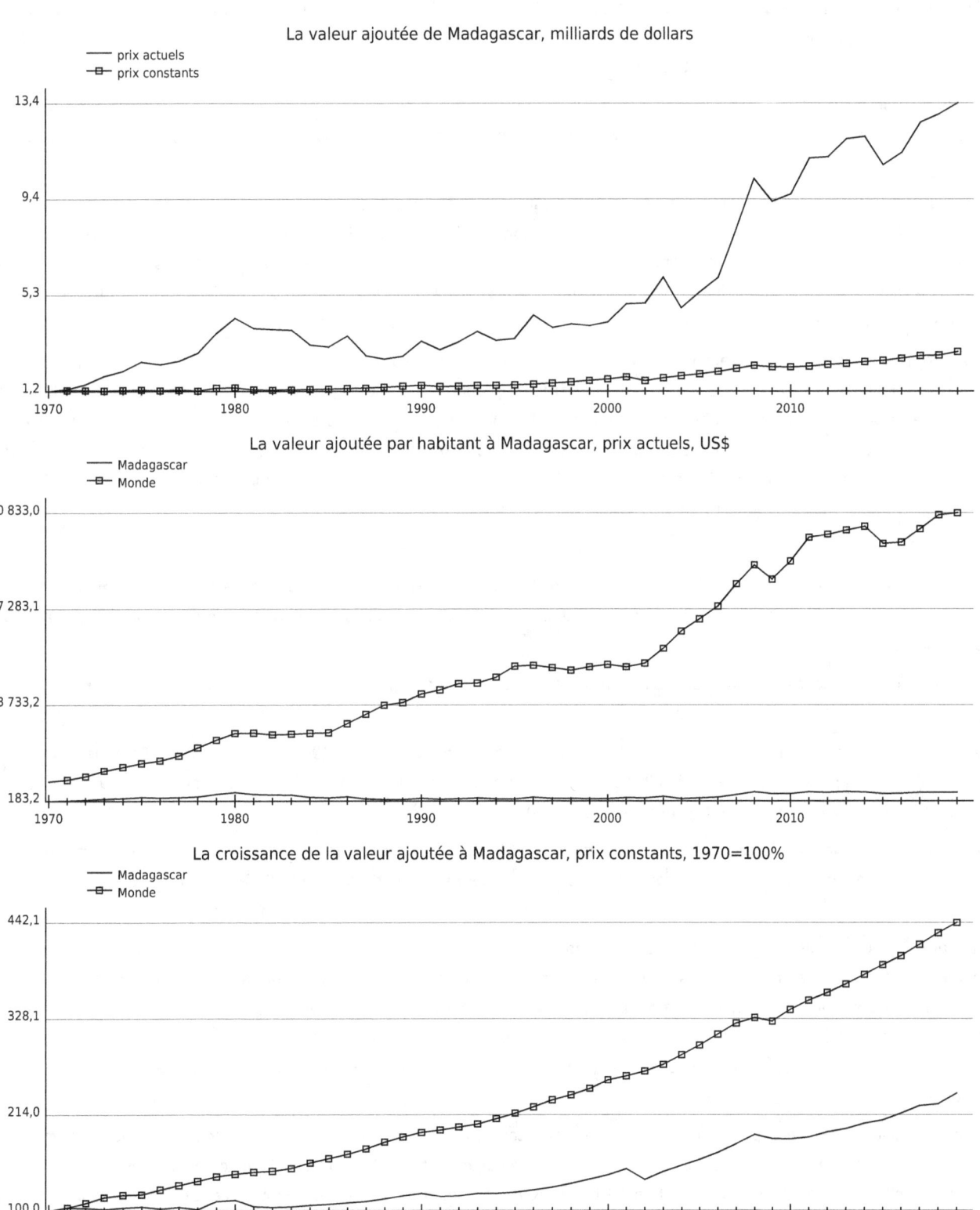

Les années 1970

La valeur ajoutée de Madagascar était de 2,2 milliards de dollars par an dans les années 1970, au 94ème rang mondial à égalité avec le Panama (2,2 milliards de dollars), la Zambie (2,2 milliards de dollars). La part dans le monde était de 0,034% et de 0,85% en Afrique.

La valeur ajoutée totale de Madagascar était constituée de: agriculture (34,6%), services (25,3%), commerce (15,8%), industrie (12,5%), transport (8,4%), construction (3,5%).

La valeur ajoutée par habitant à Madagascar était de 288.4 dollars dans les années 1970, se classant au 152ème rang mondial, à égalité avec la République centrafricaine (289,0 de dollars), l'Asie du Sud-Est (283,8 de dollars), la Guinée (294,9 de dollars). La valeur ajoutée par habitant à Madagascar était 5,4 fois inférieure la valeur ajoutée par habitant au Monde (1 564,4 US$), et 2,1 fois inférieure la valeur ajoutée par habitant en Afrique (619,0 US$).

La croissance de la valeur ajoutée à Madagascar était de 1.2% dans les années 1970, se classant au 165ème rang mondial. La croissance de la valeur ajoutée à Madagascar (1,2%) a été inférieure à celle du monde (3,9%), et inférieure à celle de l'Afrique (4,9%).

Comparaison avec les voisins. La valeur ajoutée de Madagascar était supérieure à celle de Maurice (539,6 millions de dollars), des Comores (96,7 millions de dollars) et des Seychelles (53,4 millions de dollars); mais inférieure à celle du Mozambique (5,2 milliards de dollars). La valeur ajoutée par habitant à Madagascar était inférieure à celle des Seychelles (907,5 de dollars), de Maurice (608,0 de dollars), du Mozambique (513,8 de dollars) et des Comores (374,5 de dollars). La croissance de la valeur ajoutée à Madagascar était inférieure à celle des Seychelles (9,3%), de Maurice (7,7%), des Comores (4,4%) et du Mozambique (3,9%).

Comparaison avec les leaders. La valeur ajoutée de Madagascar était inférieure à celle des États-Unis (1,7 billions de dollars), de l'URSS (649,4 milliards de dollars), du Japon (545,3 milliards de dollars), de l'Allemagne (444,9 milliards de dollars) et de la France (297,3 milliards de dollars). La valeur ajoutée par habitant à Madagascar était inférieure à celle des États-Unis (7 767,9 de dollars), de l'Allemagne (5 650,3 de dollars), de la France (5 544,4 de dollars), du Japon (4 897,5 de dollars) et de l'URSS (2 574,9 de dollars). La croissance de la valeur ajoutée à Madagascar était inférieure à celle du Japon (4,9%), de l'URSS (4,8%), de la France (3,7%), de l'Allemagne (3,1%) et des États-Unis (2,9%).

Les années 1980

La valeur ajoutée de Madagascar était de 3,4 milliards de dollars par an dans les années 1980, se classant au 103ème rang mondial à égalité avec l'Afghanistan (3,3 milliards de dollars), le Liban (3,4 milliards de dollars). La part dans le monde était de 0,023% et de 0,65% en Afrique.

La valeur ajoutée totale de Madagascar était constituée de: agriculture (38,3%), services (22,4%), commerce (16,8%), industrie (10,7%), transport (8,9%), construction (3,0%).

La valeur ajoutée par habitant à Madagascar était de 336.9 dollars dans les années 1980, se situant au 160ème rang mondial. La valeur ajoutée par habitant à Madagascar était 9,0 fois inférieure la valeur ajoutée par habitant au Monde (3 029,9 US$), et 2,8 fois inférieure la valeur ajoutée par habitant en Afrique (948,7 US$).

La croissance de la valeur ajoutée à Madagascar était de 0.6% dans les années 1980, se situant au 154ème rang mondial. La croissance de la valeur ajoutée à Madagascar (0,60%) a été inférieure à celle du monde (2,9%), et inférieure à celle de l'Afrique (1,2%).

Comparaison avec les voisins. La valeur ajoutée de Madagascar était supérieure à celle de Maurice (1,3 milliards de dollars), des Comores (289,7 millions de dollars) et des Seychelles (189,6 millions de dollars); mais inférieure à celle du Mozambique (6,0 milliards de dollars). La valeur ajoutée par habitant à Madagascar était inférieure à celle des Seychelles (2 749,5 de dollars), de Maurice (1 253,3 de dollars), des Comores (823,2 de dollars) et du Mozambique (481,5 de dollars). La croissance de la valeur ajoutée à Madagascar était supérieure à celle du Mozambique (-0,44%); mais inférieure à celle de Maurice (4,3%), des Comores (3,8%) et des Seychelles (1,8%).

Comparaison avec les leaders. La valeur ajoutée de Madagascar était inférieure à celle des États-Unis (4,2 billions de dollars), du Japon (1,8 billions de dollars), de l'Allemagne (907,0 milliards de dollars), de l'URSS (887,0 milliards de dollars) et de la France (650,9 milliards de dollars). La valeur ajoutée par habitant à Madagascar était inférieure à celle des États-Unis (17 439,9 de dollars), du Japon (14 839,7 de dollars), de l'Allemagne (11 624,4 de dollars), de la France (11 516,2 de dollars) et de l'URSS (3 222,9 de dollars). La

Chapitre II. Valeur ajoutée

croissance de la valeur ajoutée à Madagascar était inférieure à celle de l'URSS (4,3%), du Japon (4,2%), des États-Unis (2,8%), de la France (2,2%) et de l'Allemagne (2,0%).

Les années 1990

La valeur ajoutée de Madagascar était de 3,6 milliards de dollars par an dans les années 1990, au 123ème rang mondial à égalité avec la Polynésie française (3,7 milliards de dollars), le Mozambique (3,6 milliards de dollars), le Nicaragua (3,7 milliards de dollars). La part dans le monde était de 0,013% et de 0,65% en Afrique.

La valeur ajoutée totale de Madagascar était constituée de: agriculture (37,3%), services (20,1%), commerce (18,8%), industrie (10,9%), transport (9,7%), construction (3,2%).

La valeur ajoutée par habitant à Madagascar était de 272.8 dollars dans les années 1990, se classant au 194ème rang mondial, à égalité avec l'Ouganda (270,4 de dollars), le Viêt Nam (270,0 de dollars), la république démocratique du Congo (278,5 de dollars). La valeur ajoutée par habitant à Madagascar était 17,6 fois inférieure la valeur ajoutée par habitant au Monde (4 799,9 US$), et 2,9 fois inférieure la valeur ajoutée par habitant en Afrique (793,2 US$).

La croissance de la valeur ajoutée à Madagascar était de 1.5% dans les années 1990, se classant au 150ème rang mondial, à égalité avec le Rwanda (1,6%), la Finlande (1,6%). La croissance de la valeur ajoutée à Madagascar (1,5%) a été inférieure à celle du monde (2,7%), et inférieure à celle de l'Afrique (2,3%).

Comparaison avec les voisins. La valeur ajoutée de Madagascar était supérieure à celle du Mozambique (3,6 milliards de dollars), de Maurice (3,2 milliards de dollars), des Seychelles (491,3 millions de dollars) et des Comores (459,6 millions de dollars). La valeur ajoutée par habitant à Madagascar était supérieure à celle du Mozambique (236,3 de dollars); mais inférieure à celle des Seychelles (6 501,4 de dollars), de Maurice (2 869,1 de dollars) et des Comores (979,1 de dollars). La croissance de la valeur ajoutée à Madagascar était inférieure à celle des Seychelles (6,0%), de Maurice (5,6%), du Mozambique (4,6%) et des Comores (2,7%).

Comparaison avec les leaders. La valeur ajoutée de Madagascar était inférieure à celle des États-Unis (7,6 billions de dollars), du Japon (4,3 billions de dollars), de l'Allemagne (2,0 billions de dollars), de la France (1,3 billions de dollars) et du Royaume-Uni (1,2 billions de dollars). La valeur ajoutée par habitant à Madagascar était inférieure à celle du Japon (34 190,7 de dollars), des États-Unis (28 605,8 de dollars), de l'Allemagne (24 519,7 de dollars), de la France (21 588,1 de dollars) et du Royaume-Uni (21 414,8 de dollars). La croissance de la valeur ajoutée à Madagascar était inférieure à celle des États-Unis (2,8%), du Royaume-Uni (2,4%), de l'Allemagne (2,1%), de la France (1,8%) et du Japon (1,8%).

Les années 2000

La valeur ajoutée de Madagascar était de 6,4 milliards de dollars par an dans les années 2000, se situant au 125ème rang mondial à égalité avec la Géorgie (6,4 milliards de dollars), la république du Congo (6,3 milliards de dollars). La part dans le monde était de 0,014% et de 0,60% en Afrique.

La valeur ajoutée totale de Madagascar était constituée de: agriculture (31,5%), services (23,3%), commerce (17,3%), industrie (11,5%), transport (9,5%), construction (6,8%).

La valeur ajoutée par habitant à Madagascar était de 351.9 dollars dans les années 2000, se situant au 195ème rang mondial, à égalité avec la République centrafricaine (343,4 de dollars). La valeur ajoutée par habitant à Madagascar était 19,4 fois inférieure la valeur ajoutée par habitant au Monde (6 818,0 US$), et 3,3 fois inférieure la valeur ajoutée par habitant en Afrique (1 165,9 US$).

La croissance de la valeur ajoutée à Madagascar était de 3% dans les années 2000, se classant au 127ème rang mondial, à égalité avec l'Australasie (3,0%), l'Irlande (3,0%), les Tuvalu (3,0%). La croissance de la valeur ajoutée à Madagascar (3,0%) a été supérieure à celle du monde (2,9%), et inférieure à celle de l'Afrique (4,9%).

Comparaison avec les voisins. La valeur ajoutée de Madagascar était supérieure à celle de Maurice (6,0 milliards de dollars), des Seychelles (747,8 millions de dollars) et des Comores (684,0 millions de dollars); mais inférieure à celle du Mozambique (7,4 milliards de dollars). La valeur ajoutée par habitant à Madagascar était inférieure à celle des Seychelles (8 593,6 de dollars), de Maurice (4 894,5 de dollars), des Comores (1 128,9 de dollars) et du Mozambique (365,6 de dollars). La croissance de la valeur ajoutée à Madagascar était supérieure à celle des Seychelles (1,8%) et des Comores (0,17%); mais inférieure à celle du Mozambique (7,7%) et de Maurice (5,4%).

Comparaison avec les leaders. La valeur ajoutée de Madagascar était inférieure à celle des États-Unis (12,6 billions de dollars), du

Japon (4,7 billions de dollars), de la Chine (2,6 billions de dollars), de l'Allemagne (2,5 billions de dollars) et du Royaume-Uni (2,1 billions de dollars). La valeur ajoutée par habitant à Madagascar était inférieure à celle des États-Unis (42 840,8 de dollars), du Japon (36 383,0 de dollars), du Royaume-Uni (34 611,1 de dollars), de l'Allemagne (30 717,6 de dollars) et de la Chine (1 954,1 de dollars). La croissance de la valeur ajoutée à Madagascar était supérieure à celle des États-Unis (1,7%), du Royaume-Uni (1,7%), de l'Allemagne (0,65%) et du Japon (0,27%); mais inférieure à celle de la Chine (10,2%).

Les années 2010

La valeur ajoutée de Madagascar était de 11,7 milliards de dollars par an dans les années 2010, au 132ème rang mondial. La part dans le monde était de 0,016% et de 0,53% en Afrique.

La valeur ajoutée totale de Madagascar était constituée de: services (27,9%), agriculture (27,1%), commerce (16,0%), industrie (13,6%), transport (8,7%), construction (6,7%).

La valeur ajoutée par habitant à Madagascar était de 487.4 dollars dans les années 2010, se situant au 205ème rang mondial, à égalité avec le Mozambique (492,6 de dollars), le Niger (497,0 de dollars). La valeur ajoutée par habitant à Madagascar était 20,7 fois inférieure la valeur ajoutée par habitant au Monde (10 094,6 US$), et 3,9 fois inférieure la valeur ajoutée par habitant en Afrique (1 886,4 US$).

La croissance de la valeur ajoutée à Madagascar était de 2.6% dans les années 2010, se classant au 126ème rang mondial, à égalité avec le Vanuatu (2,6%). La croissance de la valeur ajoutée à Madagascar (2,6%) a été inférieure à celle du monde (3,1%), et inférieure à celle de l'Afrique (2,7%).

Comparaison avec les voisins. La valeur ajoutée de Madagascar était 7,0% supérieure à celle de Maurice (10,9 milliards de dollars), 10,4 fois supérieure à celle des Seychelles (1,1 milliards de dollars) et 11,5 fois supérieure à celle des Comores (1,0 milliards de dollars); mais 11,4% inférieure à celle du Mozambique (13,2 milliards de dollars). La valeur ajoutée par habitant à Madagascar était 24,3 fois inférieure à celle des Seychelles (11 866,3 de dollars), 17,8 fois inférieure à celle de Maurice (8 677,7 de dollars), 2,7 fois inférieure à celle des Comores (1 325,7 de dollars) et 1,1% inférieure à celle du Mozambique (492,6 de dollars). La croissance de la valeur ajoutée à Madagascar était inférieure à celle du Mozambique (5,3%), des Seychelles (4,8%), des Comores (4,7%) et de Maurice (3,7%).

Comparaison avec les leaders. La valeur ajoutée de Madagascar était 1 537,0 fois inférieure à celle des États-Unis (18,0 billions de dollars), 899,0 fois inférieure à celle de la Chine (10,5 billions de dollars), 445,1 fois inférieure à celle du Japon (5,2 billions de dollars), 282,6 fois inférieure à celle de l'Allemagne (3,3 billions de dollars) et 211,4 fois inférieure à celle du Royaume-Uni (2,5 billions de dollars). La valeur ajoutée par habitant à Madagascar était 115,3 fois inférieure à celle des États-Unis (56 220,3 de dollars), 83,4 fois inférieure à celle du Japon (40 660,3 de dollars), 82,8 fois inférieure à celle de l'Allemagne (40 346,4 de dollars), 77,3 fois inférieure à celle du Royaume-Uni (37 659,6 de dollars) et 15,4 fois inférieure à celle de la Chine (7 491,3 de dollars). La croissance de la valeur ajoutée à Madagascar était supérieure à celle des États-Unis (2,2%), de l'Allemagne (1,9%), du Royaume-Uni (1,8%) et du Japon (1,3%); mais inférieure à celle de la Chine (7,7%).

Chapitre III. Revenu national brut

Le revenu national brut de Madagascar est passé de 1,9 milliards de dollars par an dans les années 1970 à 11,9 milliards de dollars par an dans les années 2010, c'est-à-dire 10,0 milliards de dollars ou de 6,2 fois. La variation a été de 8,1 milliards de dollars en raison de l'augmentation de 3,2 fois des prix, et de -2,4 milliards de dollars en raison de la baisse de productivité de 1,6 fois, et de 4,2 milliards de dollars en raison de la croissance démographique. La croissance annuelle moyenne du RNB était de 1,8%. La valeur minimale était de 1,0 milliards de dollars en 1970. La valeur maximale était de 13,7 milliards de dollars en 2019.

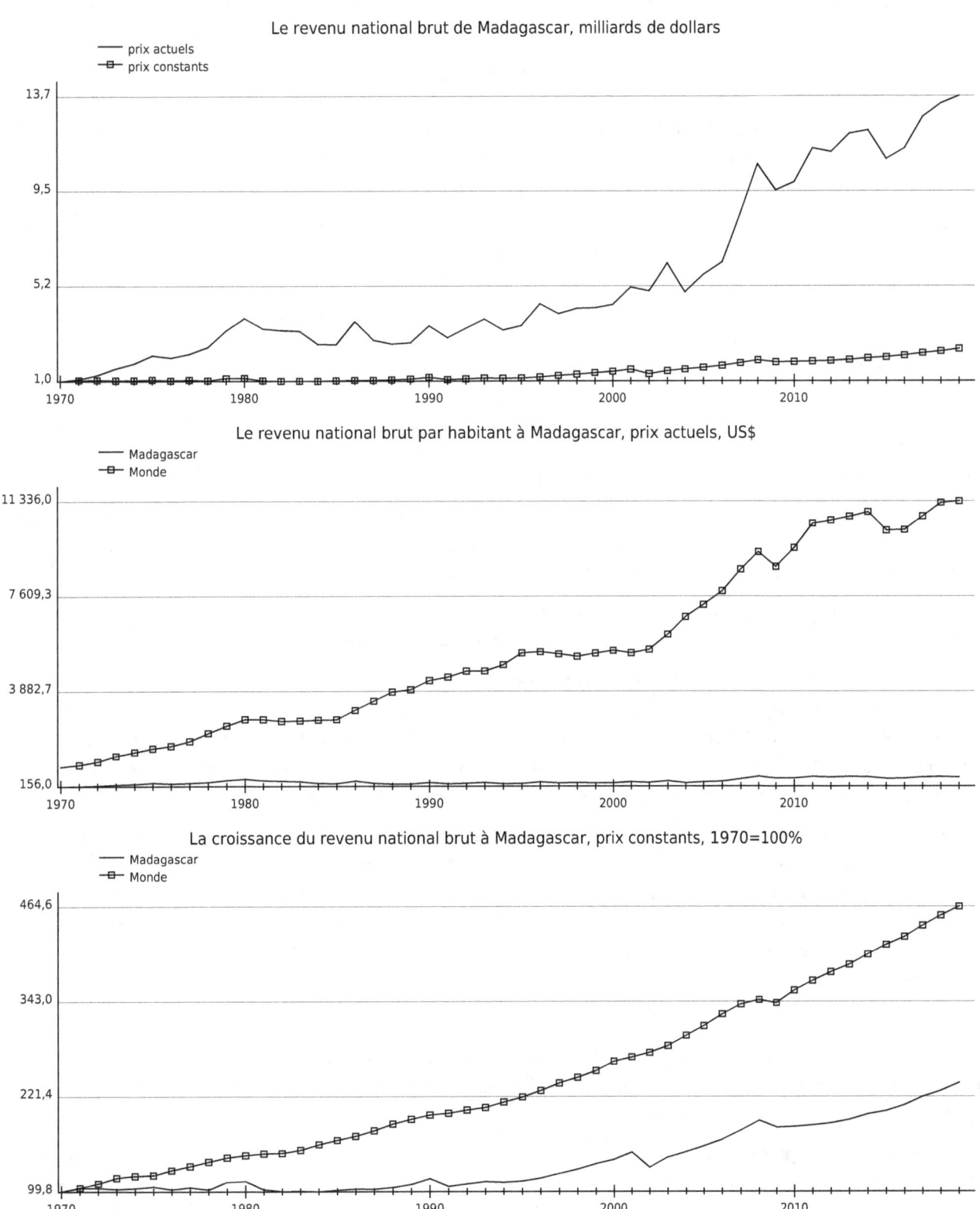

Les années 1970

Le revenu national brut de Madagascar était de 1,9 milliards de dollars par an dans les années 1970, au 97ème rang mondial à égalité avec le Nicaragua (1,9 milliards de dollars). La part dans le monde était de 0,029% et de 0,73% en Afrique.

Le revenu national brut par habitant à Madagascar était de 254.3 dollars dans les années 1970, se classant au 154ème rang mondial, à égalité avec le Niger (253,2 de dollars), la Guinée (251,6 de dollars). Le revenu national brut par habitant à Madagascar était 6,4 fois inférieur le revenu national brut par habitant au Monde (1 624,3 US$), et 2,5 fois inférieur le RNB par habitant en Afrique (632,4 US$).

La croissance du revenu national brut à Madagascar était de 1.3% dans les années 1970, au 166ème rang mondial. La croissance du revenu national brut à Madagascar (1,3%) a été inférieure à celle du monde (4,1%), et inférieure à celle de l'Afrique (4,7%).

Comparaison avec les voisins. Le revenu national brut de Madagascar était supérieur à celui de Maurice (628,9 millions de dollars), des Comores (100,1 millions de dollars) et des Seychelles (60,9 millions de dollars); mais inférieur à celui du Mozambique (5,5 milliards de dollars). Le revenu national brut par habitant à Madagascar était inférieur à celui des Seychelles (1 036,5 de dollars), de Maurice (708,6 de dollars), du Mozambique (541,8 de dollars) et des Comores (388,0 de dollars). La croissance du revenu national brut à Madagascar était inférieure à celle des Seychelles (8,4%), de Maurice (7,3%), des Comores (4,4%) et du Mozambique (3,8%).

Comparaison avec les leaders. Le revenu national brut de Madagascar était inférieur à celui des États-Unis (1,7 billions de dollars), de l'URSS (649,4 milliards de dollars), du Japon (558,5 milliards de dollars), de l'Allemagne (486,2 milliards de dollars) et de la France (334,3 milliards de dollars). Le revenu national brut par habitant à Madagascar était inférieur à celui des États-Unis (7 837,2 de dollars), de la France (6 235,1 de dollars), de l'Allemagne (6 174,4 de dollars), du Japon (5 015,3 de dollars) et de l'URSS (2 574,9 de dollars). La croissance du revenu national brut à Madagascar était inférieure à celle de l'URSS (4,8%), du Japon (4,7%), de la France (3,9%), des États-Unis (3,5%) et de l'Allemagne (3,0%).

Les années 1980

Le revenu national brut de Madagascar était de 3,1 milliards de dollars par an dans les années 1980, se situant au 105ème rang mondial à égalité avec le Nicaragua (3,1 milliards de dollars). La part dans le monde était de 0,020% et de 0,59% en Afrique.

Le RNB par habitant à Madagascar était de 310.1 dollars dans les années 1980, au 166ème rang mondial, à égalité avec le Bénin (311,1 de dollars), l'Inde (308,7 de dollars). Le RNB par habitant à Madagascar était 10,1 fois inférieur le RNB par habitant au Monde (3 117,1 US$), et 3,1 fois inférieur le RNB par habitant en Afrique (957,8 US$).

La croissance du RNB à Madagascar était de -0.3% dans les années 1980, se classant au 162ème rang mondial. La croissance du RNB à Madagascar (-0,31%) a été inférieure à celle du monde (3,0%), et inférieure à celle de l'Afrique (1,6%).

Comparaison avec les voisins. Le revenu national brut de Madagascar était supérieur à celui de Maurice (1,5 milliards de dollars), des Comores (301,6 millions de dollars) et des Seychelles (228,6 millions de dollars); mais inférieur à celui du Mozambique (6,1 milliards de dollars). Le RNB par habitant à Madagascar était inférieur à celui des Seychelles (3 315,9 de dollars), de Maurice (1 441,7 de dollars), des Comores (856,9 de dollars) et du Mozambique (485,6 de dollars). La croissance du RNB à Madagascar était supérieure à celle du Mozambique (-0,43%); mais inférieure à celle de Maurice (4,4%), des Comores (3,3%) et des Seychelles (3,0%).

Comparaison avec les leaders. Le RNB de Madagascar était inférieur à celui des États-Unis (4,2 billions de dollars), du Japon (1,8 billions de dollars), de l'Allemagne (996,5 milliards de dollars), de l'URSS (887,0 milliards de dollars) et de la France (732,1 milliards de dollars). Le RNB par habitant à Madagascar était inférieur à celui des États-Unis (17 362,5 de dollars), du Japon (15 042,8 de dollars), de la France (12 952,6 de dollars), de l'Allemagne (12 771,0 de dollars) et de l'URSS (3 222,9 de dollars). La croissance du revenu national brut à Madagascar était inférieure à celle du Japon (4,4%), de l'URSS (4,3%), des États-Unis (3,1%), de la France (2,3%) et de l'Allemagne (2,0%).

Les années 1990

Le revenu national brut de Madagascar était de 3,7 milliards de dollars par an dans les années 1990, au 127ème rang mondial à égalité avec la Palestine (3,8 milliards de dollars), le Kosovo (3,8 milliards de dollars), le Nicaragua (3,8 milliards de dollars). La part dans le monde était de 0,013% et de 0,66% en Afrique.

Le RNB par habitant à Madagascar était de 279.3 dollars dans les années 1990, se situant au 193ème rang mondial, à égalité avec la Tanzanie (283,2 de dollars), l'Érythrée (272,5 de dollars). Le RNB par habitant à Madagascar était 17,9 fois inférieur le revenu national brut par habitant au Monde (4 991,4 US$), et 2,9 fois inférieur le revenu national brut par habitant en Afrique (799,7 US$).

Chapitre III. Revenu national brut

La croissance du RNB à Madagascar était de 2.2% dans les années 1990, se situant au 125ème rang mondial. La croissance du revenu national brut à Madagascar (2,2%) a été inférieure à celle du monde (2,8%), et inférieure à celle de l'Afrique (2,5%).

Comparaison avec les voisins. Le revenu national brut de Madagascar était supérieur à celui du Mozambique (3,6 milliards de dollars), des Seychelles (579,8 millions de dollars) et des Comores (484,7 millions de dollars); mais inférieur à celui de Maurice (3,8 milliards de dollars). Le RNB par habitant à Madagascar était supérieur à celui du Mozambique (240,8 de dollars); mais inférieur à celui des Seychelles (7 671,9 de dollars), de Maurice (3 428,6 de dollars) et des Comores (1 032,6 de dollars). La croissance du RNB à Madagascar était supérieure à celle des Comores (1,7%); mais inférieure à celle du Mozambique (5,6%), des Seychelles (5,1%) et de Maurice (5,1%).

Comparaison avec les leaders. Le RNB de Madagascar était inférieur à celui des États-Unis (7,5 billions de dollars), du Japon (4,4 billions de dollars), de l'Allemagne (2,2 billions de dollars), de la France (1,4 billions de dollars) et du Royaume-Uni (1,3 billions de dollars). Le RNB par habitant à Madagascar était inférieur à celui du Japon (34 665,3 de dollars), des États-Unis (28 503,5 de dollars), de l'Allemagne (27 004,0 de dollars), de la France (24 286,5 de dollars) et du Royaume-Uni (23 037,3 de dollars). La croissance du revenu national brut à Madagascar était supérieure à celle de la France (2,2%), du Royaume-Uni (2,0%), de l'Allemagne (2,0%) et du Japon (1,5%); mais inférieure à celle des États-Unis (3,4%).

Les années 2000

Le revenu national brut de Madagascar était de 6,7 milliards de dollars par an dans les années 2000, se classant au 126ème rang mondial à égalité avec l'Afghanistan (6,6 milliards de dollars). La part dans le monde était de 0,014% et de 0,62% en Afrique.

Le RNB par habitant à Madagascar était de 367.5 dollars dans les années 2000, se classant au 196ème rang mondial. Le revenu national brut par habitant à Madagascar était 19,5 fois inférieur le RNB par habitant au Monde (7 165,2 US$), et 3,2 fois inférieur le revenu national brut par habitant en Afrique (1 185,1 US$).

La croissance du RNB à Madagascar était de 3% dans les années 2000, se classant au 133ème rang mondial, à égalité avec l'Australasie (3,0%), la Bosnie-Herzégovine (3,0%), le Monde (3,0%). La croissance du revenu national brut à Madagascar (3,0%) a été inférieure à celle du monde (3,0%), et inférieure à celle de l'Afrique (5,1%).

Comparaison avec les voisins. Le RNB de Madagascar était supérieur à celui des Seychelles (823,0 millions de dollars) et des Comores (702,4 millions de dollars); mais inférieur à celui du Mozambique (7,8 milliards de dollars) et de Maurice (6,9 milliards de dollars). Le RNB par habitant à Madagascar était inférieur à celui des Seychelles (9 457,7 de dollars), de Maurice (5 659,0 de dollars), des Comores (1 159,3 de dollars) et du Mozambique (385,0 de dollars). La croissance du revenu national brut à Madagascar était supérieure à celle des Comores (0,86%) et des Seychelles (0,51%); mais inférieure à celle du Mozambique (8,5%) et de Maurice (4,5%).

Comparaison avec les leaders. Le revenu national brut de Madagascar était inférieur à celui des États-Unis (12,7 billions de dollars), du Japon (4,8 billions de dollars), de l'Allemagne (2,8 billions de dollars), de la Chine (2,6 billions de dollars) et du Royaume-Uni (2,3 billions de dollars). Le RNB par habitant à Madagascar était inférieur à celui des États-Unis (43 177,4 de dollars), du Royaume-Uni (38 514,5 de dollars), du Japon (37 144,2 de dollars), de l'Allemagne (34 189,0 de dollars) et de la Chine (1 950,5 de dollars). La croissance du RNB à Madagascar était supérieure à celle des États-Unis (1,8%), du Royaume-Uni (1,7%), de l'Allemagne (1,0%) et du Japon (0,62%); mais inférieure à celle de la Chine (10,4%).

Les années 2010

Le RNB de Madagascar était de 11,9 milliards de dollars par an dans les années 2010, au 134ème rang mondial à égalité avec le Tchad (11,8 milliards de dollars), la Namibie (12,0 milliards de dollars), la république du Congo (12,0 milliards de dollars). La part dans le monde était de 0,015% et de 0,53% en Afrique.

Le RNB par habitant à Madagascar était de 495.3 dollars dans les années 2010, se situant au 205ème rang mondial. Le revenu national brut par habitant à Madagascar était 21,4 fois inférieur le revenu national brut par habitant au Monde (10 611,7 US$), et 3,9 fois inférieur le revenu national brut par habitant en Afrique (1 913,3 US$).

La croissance du revenu national brut à Madagascar était de 2.8% dans les années 2010, se situant au 117ème rang mondial, à égalité avec les Tonga (2,7%), d'Oman (2,8%), l'Amérique centrale (2,8%). La croissance du RNB à Madagascar (2,8%) a été inférieure à celle du monde (3,1%), et inférieure à celle de l'Afrique (2,9%).

Comparaison avec les voisins. Le RNB de Madagascar était 9,5 fois supérieur à celui des Seychelles (1,2 milliards de dollars) et 11,2 fois supérieur à celui des Comores (1,1 milliards de dollars); mais 18,5% inférieur à celui du Mozambique (14,6 milliards de dollars) et 4,6% inférieur à celui de Maurice (12,4 milliards de dollars). Le revenu national brut par habitant à Madagascar était 26,7 fois inférieur à celui des Seychelles (13 209,9 de dollars), 20,0 fois inférieur à celui de Maurice (9 883,5 de dollars), 2,8 fois inférieur à celui des Comores (1 382,5 de dollars) et 9,0% inférieur à celui du Mozambique (544,0 de dollars). La croissance du RNB à Madagascar était inférieure à celle des Seychelles (5,5%), du Mozambique (5,4%), des Comores (4,8%) et de Maurice (4,0%).

Comparaison avec les leaders. Le RNB de Madagascar était 1 541,7 fois inférieur à celui des États-Unis (18,3 billions de dollars), 881,5 fois inférieur à celui de la Chine (10,5 billions de dollars), 454,7 fois inférieur à celui du Japon (5,4 billions de dollars), 315,7 fois inférieur à celui de l'Allemagne (3,7 billions de dollars) et 231,3 fois inférieur à celui de la France (2,7 billions de dollars). Le RNB par habitant à Madagascar était 115,7 fois inférieur à celui des États-Unis (57 299,9 de dollars), 92,5 fois inférieur à celui de l'Allemagne (45 801,3 de dollars), 85,2 fois inférieur à celui du Japon (42 204,7 de dollars), 83,6 fois inférieur à celui de la France (41 404,4 de dollars) et 15,1 fois inférieur à celui de la Chine (7 463,8 de dollars). La croissance du RNB à Madagascar était supérieure à celle des États-Unis (2,5%), de l'Allemagne (2,0%), du Japon (1,4%) et de la France (1,4%); mais inférieure à celle de la Chine (7,7%).

Partie II. Structure

	Les années 2010
agriculture	27,1%
industrie	13,6%
construction	6,7%
commerce	16,0%
transport	8,7%
services	27,9%

Chapitre IV. Agriculture

Agriculture, chasse, sylviculture et pêche (ISIC A-B)

La valeur de l'agriculture à Madagascar est passé de 745,8 millions de dollars par an dans les années 1970 à 3,2 milliards de dollars par an dans les années 2010, c'est-à-dire 2,4 milliards de dollars ou de 4,2 fois. La variation a été de 1,8 milliards de dollars en raison de l'augmentation de 2,3 fois des prix, et de -1,0 milliards de dollars en raison de la baisse de productivité de 1,7 fois, et de 1,6 milliards de dollars en raison de la croissance démographique. La croissance annuelle moyenne de l'agriculture était de 1,5%. La valeur minimale était de 328,3 millions de dollars en 1970. La valeur maximale était de 3,4 milliards de dollars en 2011.

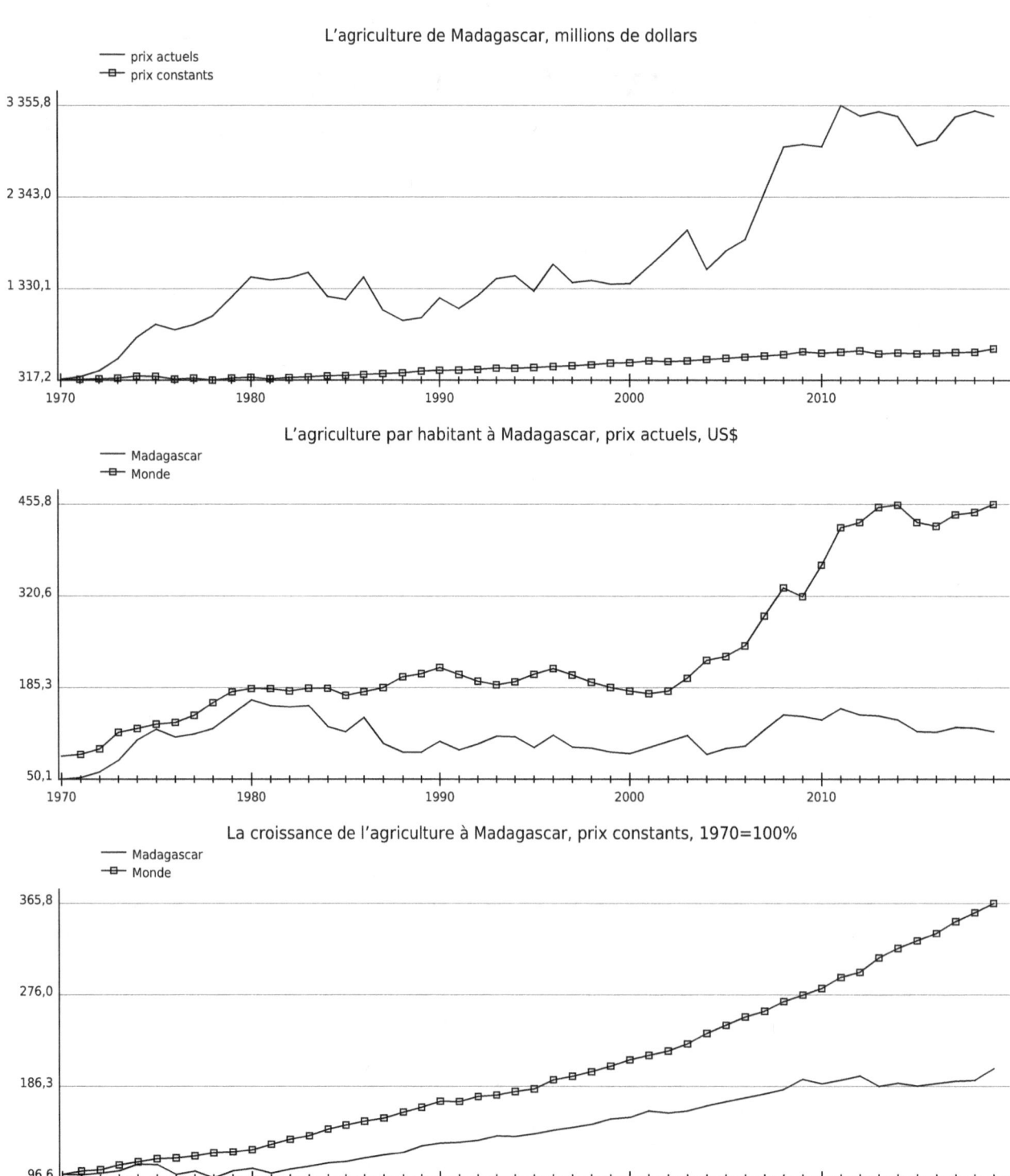

Chapitre IV. Agriculture

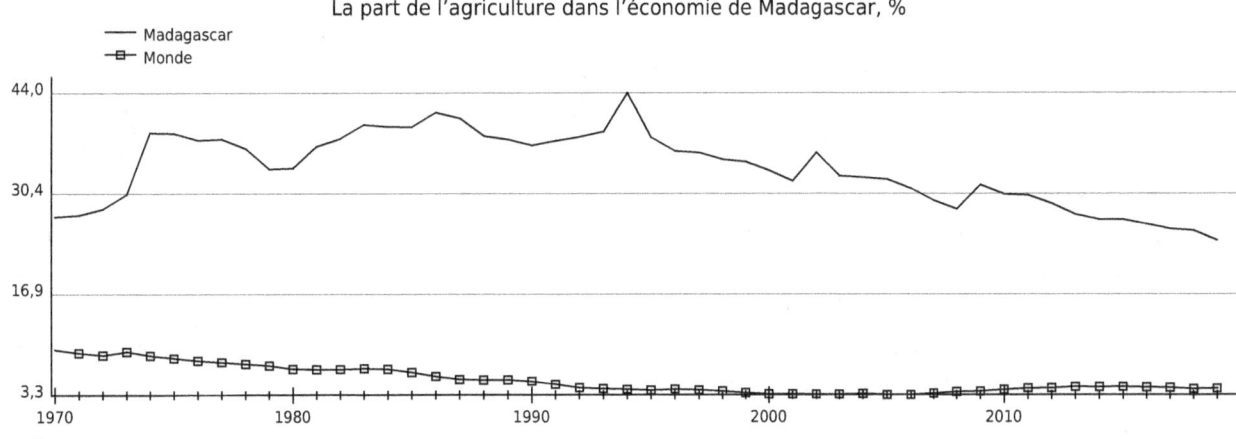

Les années 1970

La valeur de l'agriculture à Madagascar était de 745,8 millions de dollars par an dans les années 1970, se situant au 71ème rang mondial. La part dans le monde était de 0,14% et de 1,6% en Afrique.

La part de l'agriculture dans l'économie de Madagascar était de 34,6% dans les années 1970, se situant au 29ème rang mondial, à égalité avec la Gambie (34,7%), la Mauritanie (34,4%).

L'agriculture par habitant à Madagascar était de 99.7 dollars dans les années 1970, se classant au 101ème rang mondial, à égalité avec l'Ouganda (98,9 de dollars), le Pérou (100,6 de dollars), le Maroc (100,9 de dollars). L'agriculture par habitant à Madagascar était 21,9% inférieure l'agriculture par habitant au Monde (127,6 US$), et 11,1% inférieure l'agriculture par habitant en Afrique (112,2 US$).

La croissance de l'agriculture à Madagascar était de 0.4% dans les années 1970, se situant au 149ème rang mondial. La croissance de l'agriculture à Madagascar (0,39%) a été inférieure à celle du monde (2,2%), et inférieure à celle de l'Afrique (1,7%).

Comparaison avec les voisins. La valeur de l'agriculture à Madagascar était supérieure à celle de Maurice (131,3 millions de dollars), des Comores (23,8 millions de dollars) et des Seychelles (4,9 millions de dollars); mais inférieure à celle du Mozambique (1,9 milliards de dollars). L'agriculture par habitant à Madagascar était supérieure à celle des Comores (92,2 de dollars) et des Seychelles (83,6 de dollars); mais inférieure à celle du Mozambique (184,0 de dollars) et de Maurice (148,0 de dollars). La croissance de l'agriculture à Madagascar était inférieure à celle des Seychelles (7,0%), de Maurice (6,9%), des Comores (4,4%) et du Mozambique (3,9%).

Comparaison avec les leaders. L'agriculture de Madagascar était inférieure à celle de l'URSS (88,7 milliards de dollars), de la Chine (49,5 milliards de dollars), des États-Unis (42,6 milliards de dollars), de l'Inde (36,0 milliards de dollars) et du Japon (25,8 milliards de dollars). L'agriculture par habitant à Madagascar était supérieure à celle de l'Inde (58,3 de dollars) et de la Chine (54,2 de dollars); mais inférieure à celle de l'URSS (351,8 de dollars), du Japon (231,3 de dollars) et des États-Unis (195,0 de dollars). La croissance de l'agriculture à Madagascar était supérieure à celle des États-Unis (0,34%) et de l'Inde (0,30%); mais inférieure à celle de l'URSS (7,0%), de la Chine (2,4%) et du Japon (0,52%).

Les années 1980

La valeur de l'agriculture à Madagascar était de 1,3 milliards de dollars par an dans les années 1980, au 72ème rang mondial à égalité avec l'Angola (1,3 milliards de dollars). La part dans le monde était de 0,14% et de 1,5% en Afrique.

La part de l'agriculture dans l'économie de Madagascar était de 38,3% dans les années 1980, se situant au 20ème rang mondial, à égalité avec Sierra Leone (38,0%), les Tonga (38,0%).

L'agriculture par habitant à Madagascar était de 129 dollars dans les années 1980, se situant au 127ème rang mondial, à égalité avec le Sénégal (129,1 de dollars), Montserrat (129,3 de dollars), le Zimbabwe (129,4 de dollars). L'agriculture par habitant à Madagascar était 30,9% inférieure l'agriculture par habitant au Monde (186,6 US$), et 18,9% inférieure l'agriculture par habitant en Afrique (159,2 US$).

La croissance de l'agriculture à Madagascar était de 2.2% dans les années 1980, se classant au 105ème rang mondial, à égalité avec la France (2,1%). La croissance de l'agriculture à Madagascar (2,2%) a été inférieure à celle du monde (3,1%), et inférieure à celle de l'Afrique (2,8%).

Comparaison avec les voisins. Le secteur de l'agriculture à Madagascar était supérieur à celui de Maurice (169,6 millions de dollars), des Comores (78,5 millions de dollars) et des Seychelles (12,4 millions de dollars); mais inférieur à celui du Mozambique (2,4 milliards de dollars). L'agriculture par habitant à Madagascar était inférieure à celle des Comores (223,2 de dollars), du Mozambique (190,1 de dollars), des Seychelles (179,4 de dollars) et de Maurice (168,1 de dollars). La croissance de l'agriculture à Madagascar était supérieure à celle du Mozambique (1,1%), de Maurice (-1,3%) et des Seychelles (-2,3%); mais inférieure à celle des Comores (4,3%).

Comparaison avec les leaders. Le secteur de l'agriculture à Madagascar était inférieur à celui de l'URSS (125,8 milliards de dollars), de la Chine (94,9 milliards de dollars), de l'Inde (70,4 milliards de dollars), des États-Unis (68,7 milliards de dollars) et du Japon (49,7 milliards de dollars). L'agriculture par habitant à Madagascar était supérieure à celle de l'Inde (90,7 de dollars) et de la Chine (88,5 de dollars); mais inférieure à celle de l'URSS (457,2 de dollars), du Japon (410,0 de dollars) et des États-Unis (286,8 de dollars). La croissance de l'agriculture à Madagascar était supérieure à celle du Japon (0,41%); mais inférieure à celle de la Chine (5,3%), de l'Inde (4,4%), des États-Unis (3,7%) et de l'URSS (2,8%).

Les années 1990

La valeur ajoutée de l'agriculture à Madagascar était de 1,4 milliards de dollars par an dans les années 1990, se classant au 84ème rang mondial. La part dans le monde était de 0,12% et de 1,4% en Afrique.

La part de l'agriculture dans l'économie de Madagascar était de 37,3% dans les années 1990, se classant au 24ème rang mondial, à égalité avec la République centrafricaine (37,5%).

L'agriculture par habitant à Madagascar était de 101.9 dollars dans les années 1990, se situant au 172ème rang mondial, à égalité avec le Rwanda (103,3 de dollars), l'Asie du Sud (104,1 de dollars). L'agriculture par habitant à Madagascar était 49,0% inférieure l'agriculture par habitant au Monde (199,8 US$), et 24,3% inférieure l'agriculture par habitant en Afrique (134,5 US$).

La croissance de l'agriculture à Madagascar était de 1.9% dans les années 1990, au 102ème rang mondial. La croissance de l'agriculture à Madagascar (1,9%) a été inférieure à celle du monde (2,2%), et inférieure à celle de l'Afrique (2,8%).

Comparaison avec les voisins. L'agriculture de Madagascar était supérieure à celle du Mozambique (1,1 milliards de dollars), de Maurice (302,6 millions de dollars), des Comores (143,3 millions de dollars) et des Seychelles (27,5 millions de dollars). L'agriculture par habitant à Madagascar était supérieure à celle du Mozambique (75,8 de dollars); mais inférieure à celle des Seychelles (363,3 de dollars), des Comores (305,3 de dollars) et de Maurice (270,5 de dollars). La croissance de l'agriculture à Madagascar était supérieure à celle de Maurice (-1,1%); mais inférieure à celle des Seychelles (11,1%), du Mozambique (3,4%) et des Comores (2,0%).

Comparaison avec les leaders. L'agriculture de Madagascar était inférieure à celle de la Chine (139,0 milliards de dollars), des États-Unis (96,1 milliards de dollars), de l'Inde (91,4 milliards de dollars), du Japon (78,9 milliards de dollars) et du Brésil (36,8 milliards de dollars). L'agriculture par habitant à Madagascar était supérieure à celle de l'Inde (95,6 de dollars); mais inférieure à celle du Japon (625,5 de dollars), des États-Unis (363,4 de dollars), du Brésil (228,7 de dollars) et de la Chine (112,7 de dollars). La croissance de l'agriculture à Madagascar était supérieure à celle du Japon (-1,8%); mais inférieure à celle de la Chine (4,3%), du Brésil (3,0%), de l'Inde (2,8%) et des États-Unis (2,6%).

Les années 2000

L'agriculture de Madagascar était de 2,0 milliards de dollars par an dans les années 2000, se situant au 85ème rang mondial à égalité avec le Yémen (2,0 milliards de dollars), la Bulgarie (2,0 milliards de dollars), le Mozambique (2,0 milliards de dollars). La part dans le monde était de 0,13% et de 1,2% en Afrique.

La part de l'agriculture dans l'économie de Madagascar était de 31,5% dans les années 2000, se situant au 21ème rang mondial, à égalité avec le Rwanda (31,7%).

L'agriculture par habitant à Madagascar était de 111 dollars dans les années 2000, se classant au 176ème rang mondial, à égalité avec le Burkina Faso (111,1 de dollars), Curaçao (110,0 de dollars), le Zimbabwe (112,1 de dollars). L'agriculture par habitant à Madagascar était 2,2 fois inférieure l'agriculture par habitant au Monde (240,3 US$), et 39,0% inférieure l'agriculture par habitant en Afrique (182,0 US$).

La croissance de l'agriculture à Madagascar était de 2.3% dans les années 2000, au 96ème rang mondial, à égalité avec les Salomon (2,2%). La croissance de l'agriculture à Madagascar (2,3%) a été inférieure à celle du monde (3,0%), et inférieure à celle de l'Afrique (5,1%).

Chapitre IV. Agriculture

Comparaison avec les voisins. Le secteur de l'agriculture à Madagascar était supérieur à celui du Mozambique (2,0 milliards de dollars), de Maurice (323,5 millions de dollars), des Comores (236,7 millions de dollars) et des Seychelles (27,9 millions de dollars). L'agriculture par habitant à Madagascar était supérieure à celle du Mozambique (97,4 de dollars); mais inférieure à celle des Comores (390,6 de dollars), des Seychelles (320,9 de dollars) et de Maurice (265,8 de dollars). La croissance de l'agriculture à Madagascar était supérieure à celle des Comores (-0,98%) et des Seychelles (-2,3%); mais inférieure à celle du Mozambique (5,6%) et de Maurice (4,9%).

Comparaison avec les leaders. L'agriculture de Madagascar était inférieure à celle de la Chine (297,7 milliards de dollars), de l'Inde (147,6 milliards de dollars), des États-Unis (122,5 milliards de dollars), du Japon (57,1 milliards de dollars) et du Nigeria (47,6 milliards de dollars). L'agriculture par habitant à Madagascar était inférieure à celle du Japon (445,6 de dollars), des États-Unis (416,9 de dollars), du Nigeria (346,4 de dollars), de la Chine (224,5 de dollars) et de l'Inde (129,7 de dollars). La croissance de l'agriculture à Madagascar était supérieure à celle de l'Inde (2,0%) et du Japon (-1,3%); mais inférieure à celle du Nigeria (10,1%), de la Chine (4,0%) et des États-Unis (3,6%).

Les années 2010

La valeur ajoutée de l'agriculture à Madagascar était de 3,2 milliards de dollars par an dans les années 2010, au 89ème rang mondial à égalité avec Cuba (3,2 milliards de dollars). La part dans le monde était de 0,100% et de 0,92% en Afrique.

La part de l'agriculture dans l'économie de Madagascar était de 27,1% dans les années 2010, se situant au 23ème rang mondial, à égalité avec le Rwanda (27,0%), la Birmanie (27,0%).

L'agriculture par habitant à Madagascar était de 132.2 dollars dans les années 2010, se situant au 188ème rang mondial. L'agriculture par habitant à Madagascar était 3,3 fois inférieure l'agriculture par habitant au Monde (432,1 US$), et 2,2 fois inférieure l'agriculture par habitant en Afrique (294,3 US$).

La croissance de l'agriculture à Madagascar était de 0.5% dans les années 2010, se classant au 150ème rang mondial. La croissance de l'agriculture à Madagascar (0,52%) a été inférieure à celle du monde (2,9%), et inférieure à celle de l'Afrique (3,7%).

Comparaison avec les voisins. L'agriculture de Madagascar était 7,9 fois supérieure à celle de Maurice (401,4 millions de dollars), 9,6 fois supérieure à celle des Comores (331,2 millions de dollars) et 109,2 fois supérieure à celle des Seychelles (29,0 millions de dollars); mais 12,7% inférieure à celle du Mozambique (3,6 milliards de dollars). L'agriculture par habitant à Madagascar était 3,3 fois inférieure à celle des Comores (430,6 de dollars), 2,4 fois inférieure à celle de Maurice (318,9 de dollars), 2,3 fois inférieure à celle des Seychelles (307,2 de dollars) et 2,5% inférieure à celle du Mozambique (135,6 de dollars). La croissance de l'agriculture à Madagascar était inférieure à celle des Comores (5,5%), du Mozambique (3,2%), des Seychelles (2,8%) et de Maurice (1,4%).

Comparaison avec les leaders. L'agriculture de Madagascar était 279,6 fois inférieure à celle de la Chine (886,2 milliards de dollars), 114,7 fois inférieure à celle de l'Inde (363,4 milliards de dollars), 56,9 fois inférieure à celle des États-Unis (180,3 milliards de dollars), 39,1 fois inférieure à celle de l'Indonésie (124,1 milliards de dollars) et 30,2 fois inférieure à celle du Nigeria (95,8 milliards de dollars). L'agriculture par habitant à Madagascar était 4,8 fois inférieure à celle de la Chine (631,9 de dollars), 4,3 fois inférieure à celle des États-Unis (564,3 de dollars), 4,0 fois inférieure à celle du Nigeria (534,6 de dollars), 3,7 fois inférieure à celle de l'Indonésie (483,6 de dollars) et 2,1 fois inférieure à celle de l'Inde (279,1 de dollars). La croissance de l'agriculture à Madagascar était inférieure à celle de l'Inde (4,1%), de l'Indonésie (3,9%), de la Chine (3,8%), du Nigeria (3,6%) et des États-Unis (2,0%).

Chapitre V. Industrie

Exploitation minière, fabrication, services publics (ISIC C-E)

L'industrie de Madagascar est passé de 269,0 millions de dollars par an dans les années 1970 à 1,6 milliards de dollars par an dans les années 2010, c'est-à-dire 1,3 milliards de dollars ou de 5,9 fois. La variation a été de 975,9 millions de dollars en raison de l'augmentation de 2,6 fois des prix, et de -250,7 millions de dollars en raison de la baisse de productivité de 1,4 fois, et de 593,3 millions de dollars en raison de la croissance démographique. La croissance annuelle moyenne de l'industrie était de 2,4%. La valeur minimale était de 145,3 millions de dollars en 1970. La valeur maximale était de 2,1 milliards de dollars en 2019.

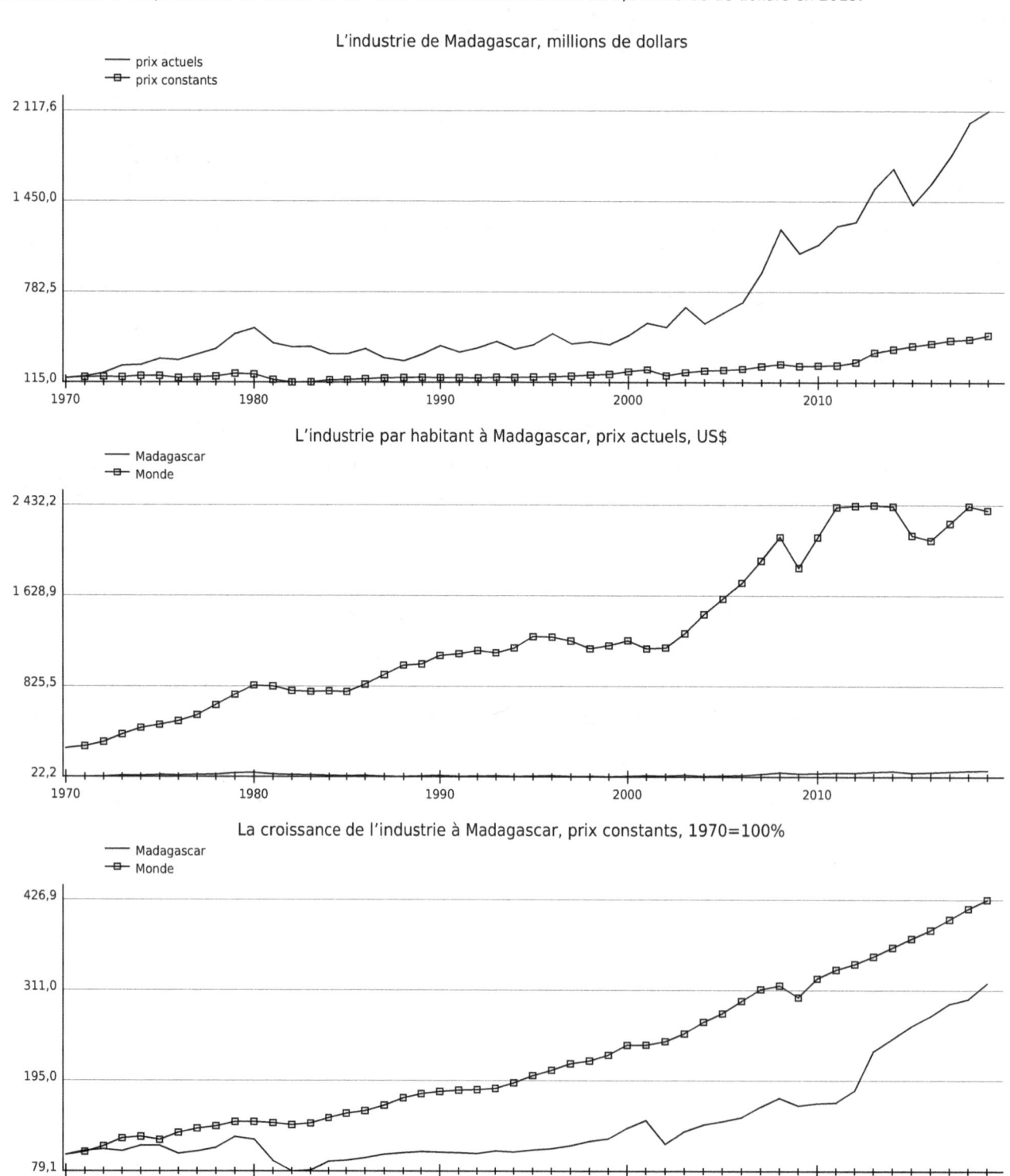

Chapitre V. Industrie

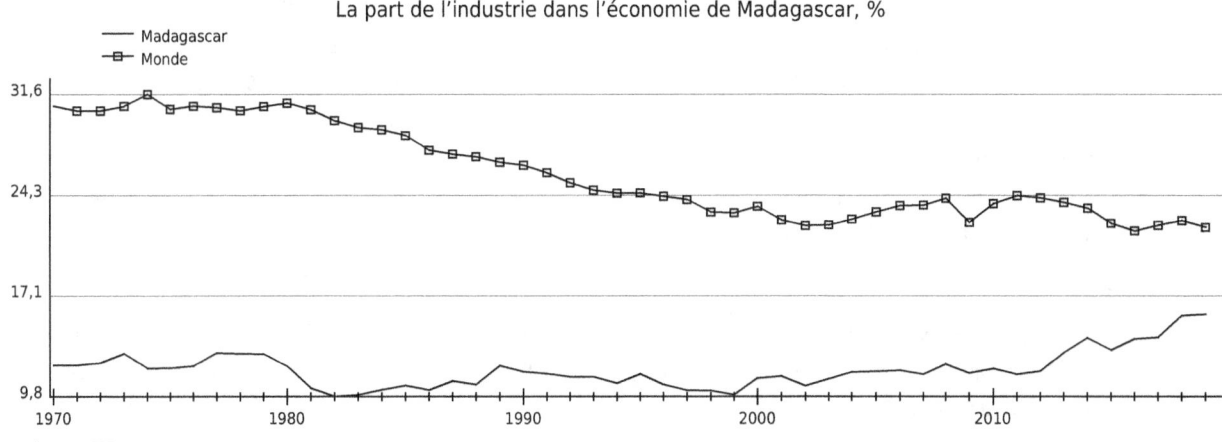
La part de l'industrie dans l'économie de Madagascar, %

Les années 1970

L'industrie de Madagascar était de 269,0 millions de dollars par an dans les années 1970, se situant au 107ème rang mondial à égalité avec le Honduras (263,6 millions de dollars). La part dans le monde était de 0,014% et de 0,36% en Afrique.

La part de l'industrie dans l'économie de Madagascar était de 12,5% dans les années 1970, se classant au 135ème rang mondial.

L'industrie par habitant à Madagascar était de 36 dollars dans les années 1970, au 150ème rang mondial, à égalité avec les Îles Vierges britanniques (35,9 de dollars), le Malawi (36,5 de dollars). L'industrie par habitant à Madagascar était 13,4 fois inférieure l'industrie par habitant au Monde (480,5 US$), et 5,0 fois inférieure l'industrie par habitant en Afrique (181,2 US$).

La croissance de l'industrie à Madagascar était de 2.3% dans les années 1970, au 143ème rang mondial. La croissance de l'industrie à Madagascar (2,3%) a été inférieure à celle du monde (4,0%), et inférieure à celle de l'Afrique (5,5%).

Comparaison avec les voisins. L'industrie de Madagascar était supérieure à celle de Maurice (112,7 millions de dollars), des Comores (8,6 millions de dollars) et des Seychelles (1,6 millions de dollars); mais inférieure à celle du Mozambique (1,6 milliards de dollars). L'industrie par habitant à Madagascar était supérieure à celle des Comores (33,3 de dollars) et des Seychelles (28,0 de dollars); mais inférieure à celle du Mozambique (157,6 de dollars) et de Maurice (127,0 de dollars). La croissance de l'industrie à Madagascar était inférieure à celle des Seychelles (9,8%), de Maurice (8,1%), des Comores (4,4%) et du Mozambique (3,8%).

Comparaison avec les leaders. Le secteur de l'industrie à Madagascar était inférieur à celui des États-Unis (450,4 milliards de dollars), de l'URSS (248,8 milliards de dollars), du Japon (185,6 milliards de dollars), de l'Allemagne (158,4 milliards de dollars) et du Royaume-Uni (72,6 milliards de dollars). L'industrie par habitant à Madagascar était inférieure à celle des États-Unis (2 063,8 de dollars), de l'Allemagne (2 011,9 de dollars), du Japon (1 666,5 de dollars), du Royaume-Uni (1 295,1 de dollars) et de l'URSS (986,6 de dollars). La croissance de l'industrie à Madagascar était supérieure à celle de l'Allemagne (2,1%) et du Royaume-Uni (1,9%); mais inférieure à celle de l'URSS (5,2%), du Japon (4,5%) et des États-Unis (2,4%).

Les années 1980

L'industrie de Madagascar était de 358,3 millions de dollars par an dans les années 1980, se classant au 118ème rang mondial à égalité avec Malte (362,8 millions de dollars). La part dans le monde était de 0,0086% et de 0,23% en Afrique.

La part de l'industrie dans l'économie de Madagascar était de 10,7% dans les années 1980, au 144ème rang mondial.

L'industrie par habitant à Madagascar était de 36 dollars dans les années 1980, se situant au 165ème rang mondial. L'industrie par habitant à Madagascar était 23,9 fois inférieure l'industrie par habitant au Monde (861,8 US$), et 8,0 fois inférieure l'industrie par habitant en Afrique (288,5 US$).

La croissance de l'industrie à Madagascar était de -1.7% dans les années 1980, se situant au 164ème rang mondial. La croissance de l'industrie à Madagascar (-1,7%) a été inférieure à celle du monde (2,3%), et inférieure à celle de l'Afrique (-0,99%).

Comparaison avec les voisins. Le secteur de l'industrie à Madagascar était supérieur à celui de Maurice (341,6 millions de dollars), des Comores (23,6 millions de dollars) et des Seychelles (10,7 millions de dollars); mais inférieur à celui du Mozambique (1,3 milliards de dollars). L'industrie par habitant à Madagascar était inférieure à celle de Maurice (338,5 de dollars), des Seychelles (155,7 de dollars), du Mozambique (101,7 de dollars) et des Comores (66,9 de dollars). La croissance de l'industrie à Madagascar était supérieure à celle du Mozambique (-2,4%); mais inférieure à celle de Maurice (8,0%), des Seychelles (5,1%) et des Comores (4,1%).

Comparaison avec les leaders. La valeur de l'industrie à Madagascar était inférieure à celle des États-Unis (1,0 billions de dollars), du Japon (566,4 milliards de dollars), de l'URSS (305,7 milliards de dollars), de l'Allemagne (297,5 milliards de dollars) et du Royaume-Uni (171,2 milliards de dollars). L'industrie par habitant à Madagascar était inférieure à celle du Japon (4 670,2 de dollars), des États-Unis (4 176,6 de dollars), de l'Allemagne (3 812,7 de dollars), du Royaume-Uni (3 032,7 de dollars) et de l'URSS (1 110,8 de dollars). La croissance de l'industrie à Madagascar était inférieure à celle de l'URSS (5,3%), du Japon (4,2%), des États-Unis (1,9%), du Royaume-Uni (1,4%) et de l'Allemagne (1,2%).

Les années 1990

La valeur de l'industrie à Madagascar était de 395,2 millions de dollars par an dans les années 1990, se situant au 145ème rang mondial à égalité avec le Bénin (396,8 millions de dollars), la Polynésie (392,8 millions de dollars), d'Haïti (398,7 millions de dollars). La part dans le monde était de 0,0059% et de 0,25% en Afrique.

La part de l'industrie dans l'économie de Madagascar était de 10,9% dans les années 1990, au 165ème rang mondial, à égalité avec le Cambodge (10,8%).

L'industrie par habitant à Madagascar était de 29.6 dollars dans les années 1990, au 196ème rang mondial. L'industrie par habitant à Madagascar était 39,7 fois inférieure l'industrie par habitant au Monde (1 175,6 US$), et 7,5 fois inférieure l'industrie par habitant en Afrique (222,8 US$).

La croissance de l'industrie à Madagascar était de 1.5% dans les années 1990, se situant au 132ème rang mondial, à égalité avec la Nouvelle-Zélande (1,5%). La croissance de l'industrie à Madagascar (1,5%) a été inférieure à celle du monde (2,5%), et supérieure à celle de l'Afrique (1,3%).

Comparaison avec les voisins. L'industrie de Madagascar était supérieure à celle des Seychelles (48,2 millions de dollars) et des Comores (35,5 millions de dollars); mais inférieure à celle de Maurice (815,4 millions de dollars) et du Mozambique (536,8 millions de dollars). L'industrie par habitant à Madagascar était inférieure à celle de Maurice (729,0 de dollars), des Seychelles (637,3 de dollars), des Comores (75,7 de dollars) et du Mozambique (35,5 de dollars). La croissance de l'industrie à Madagascar était inférieure à celle des Seychelles (24,1%), du Mozambique (7,4%), de Maurice (5,6%) et des Comores (3,3%).

Comparaison avec les leaders. Le secteur de l'industrie à Madagascar était inférieur à celui des États-Unis (1,5 billions de dollars), du Japon (1,2 billions de dollars), de l'Allemagne (534,0 milliards de dollars), de la Chine (285,9 milliards de dollars) et du Royaume-Uni (268,6 milliards de dollars). L'industrie par habitant à Madagascar était inférieure à celle du Japon (9 400,9 de dollars), de l'Allemagne (6 621,6 de dollars), des États-Unis (5 704,4 de dollars), du Royaume-Uni (4 639,8 de dollars) et de la Chine (231,9 de dollars). La croissance de l'industrie à Madagascar était supérieure à celle du Japon (1,3%), du Royaume-Uni (1,2%) et de l'Allemagne (0,33%); mais inférieure à celle de la Chine (13,1%) et des États-Unis (2,8%).

Les années 2000

La valeur de l'industrie à Madagascar était de 732,6 millions de dollars par an dans les années 2000, se situant au 143ème rang mondial. La part dans le monde était de 0,0072% et de 0,23% en Afrique.

La part de l'industrie dans l'économie de Madagascar était de 11,5% dans les années 2000, au 163ème rang mondial, à égalité avec les Tonga (11,5%), le Panama (11,6%).

L'industrie par habitant à Madagascar était de 40.4 dollars dans les années 2000, au 199ème rang mondial, à égalité avec le Niger (41,2 de dollars). L'industrie par habitant à Madagascar était 38,9 fois inférieure l'industrie par habitant au Monde (1 573,8 US$), et 8,7 fois inférieure l'industrie par habitant en Afrique (352,5 US$).

La croissance de l'industrie à Madagascar était de 3.1% dans les années 2000, se situant au 90ème rang mondial, à égalité avec le Kenya (3,1%). La croissance de l'industrie à Madagascar (3,1%) a été supérieure à celle du monde (2,9%), et inférieure à celle de l'Afrique (3,1%).

Comparaison avec les voisins. La valeur ajoutée de l'industrie à Madagascar était supérieure à celle des Seychelles (93,7 millions de dollars) et des Comores (59,0 millions de dollars); mais inférieure à celle du Mozambique (1,4 milliards de dollars) et de Maurice (1,3 milliards de dollars). L'industrie par habitant à Madagascar était inférieure à celle des Seychelles (1 077,2 de dollars), de Maurice (1 041,1 de dollars), des Comores (97,4 de dollars) et du Mozambique (67,0 de dollars). La croissance de l'industrie à Madagascar était

Chapitre V. Industrie

supérieure à celle de Maurice (2,0%), des Comores (1,1%) et des Seychelles (-2,1%); mais inférieure à celle du Mozambique (11,4%).

Comparaison avec les leaders. La valeur ajoutée de l'industrie à Madagascar était inférieure à celle des États-Unis (2,1 billions de dollars), du Japon (1,1 billions de dollars), de la Chine (1,1 billions de dollars), de l'Allemagne (629,4 milliards de dollars) et du Royaume-Uni (345,1 milliards de dollars). L'industrie par habitant à Madagascar était inférieure à celle du Japon (8 848,8 de dollars), de l'Allemagne (7 732,1 de dollars), des États-Unis (7 144,5 de dollars), du Royaume-Uni (5 710,8 de dollars) et de la Chine (795,3 de dollars). La croissance de l'industrie à Madagascar était supérieure à celle des États-Unis (1,5%), de l'Allemagne (0,19%), du Japon (0,15%) et du Royaume-Uni (-1,1%); mais inférieure à celle de la Chine (11,1%).

Les années 2010

La valeur ajoutée de l'industrie à Madagascar était de 1,6 milliards de dollars par an dans les années 2010, au 140ème rang mondial à égalité avec Chypre (1,6 milliards de dollars), l'Albanie (1,6 milliards de dollars). La part dans le monde était de 0,0093% et de 0,28% en Afrique.

La part de l'industrie dans l'économie de Madagascar était de 13,6% dans les années 2010, se situant au 149ème rang mondial, à égalité avec la Grèce (13,5%).

L'industrie par habitant à Madagascar était de 66.2 dollars dans les années 2010, se situant au 200ème rang mondial. L'industrie par habitant à Madagascar était 35,1 fois inférieure l'industrie par habitant au Monde (2 320,9 US$), et 7,4 fois inférieure l'industrie par habitant en Afrique (489,1 US$).

La croissance de l'industrie à Madagascar était de 7% dans les années 2010, au 25ème rang mondial, à égalité avec l'Arménie (6,9%), le Panama (7,0%). La croissance de l'industrie à Madagascar (7,0%) a été supérieure à celle du monde (3,5%), et supérieure à celle de l'Afrique (0,035%).

Comparaison avec les voisins. La valeur ajoutée de l'industrie à Madagascar était 13,4 fois supérieure à celle des Seychelles (118,1 millions de dollars) et 16,8 fois supérieure à celle des Comores (94,3 millions de dollars); mais 38,9% inférieure à celle du Mozambique (2,6 milliards de dollars) et 13,7% inférieure à celle de Maurice (1,8 milliards de dollars). L'industrie par habitant à Madagascar était 22,1 fois inférieure à celle de Maurice (1 461,0 de dollars), 18,9 fois inférieure à celle des Seychelles (1 249,7 de dollars), 46,0% inférieure à celle des Comores (122,6 de dollars) et 31,8% inférieure à celle du Mozambique (97,1 de dollars). La croissance de l'industrie à Madagascar était supérieure à celle du Mozambique (6,3%), des Comores (3,6%), des Seychelles (3,5%) et de Maurice (1,6%).

Comparaison avec les leaders. Le secteur de l'industrie à Madagascar était 2 320,0 fois inférieur à celui de la Chine (3,7 billions de dollars), 1 726,9 fois inférieur à celui des États-Unis (2,7 billions de dollars), 749,8 fois inférieur à celui du Japon (1,2 billions de dollars), 529,1 fois inférieur à celui de l'Allemagne (840,0 milliards de dollars) et 279,3 fois inférieur à celui de l'Inde (443,4 milliards de dollars). L'industrie par habitant à Madagascar était 155,0 fois inférieure à celle de l'Allemagne (10 261,3 de dollars), 140,5 fois inférieure à celle du Japon (9 305,3 de dollars), 129,6 fois inférieure à celle des États-Unis (8 581,2 de dollars), 39,7 fois inférieure à celle de la Chine (2 626,2 de dollars) et 5,1 fois inférieure à celle de l'Inde (340,6 de dollars). La croissance de l'industrie à Madagascar était supérieure à celle de l'Inde (6,5%), de l'Allemagne (3,2%), du Japon (2,6%) et des États-Unis (2,2%); mais inférieure à celle de la Chine (7,5%).

Chapitre 5.1. Fabrication

(ISIC D)

La valeur de la fabrication à Madagascar est passé de 196,5 millions de dollars par an dans les années 1970 à 1,1 milliards de dollars par an dans les années 2010, c'est-à-dire 923,9 millions de dollars ou de 5,7 fois. La variation a été de 797,3 millions de dollars en raison de l'augmentation de 3,5 fois des prix, et de -307,0 millions de dollars en raison de la baisse de productivité de 2,0 fois, et de 433,6 millions de dollars en raison de la croissance démographique. La croissance annuelle moyenne de la fabrication était de 1,5%. La valeur minimale était de 106,2 millions de dollars en 1970. La valeur maximale était de 1,4 milliards de dollars en 2019.

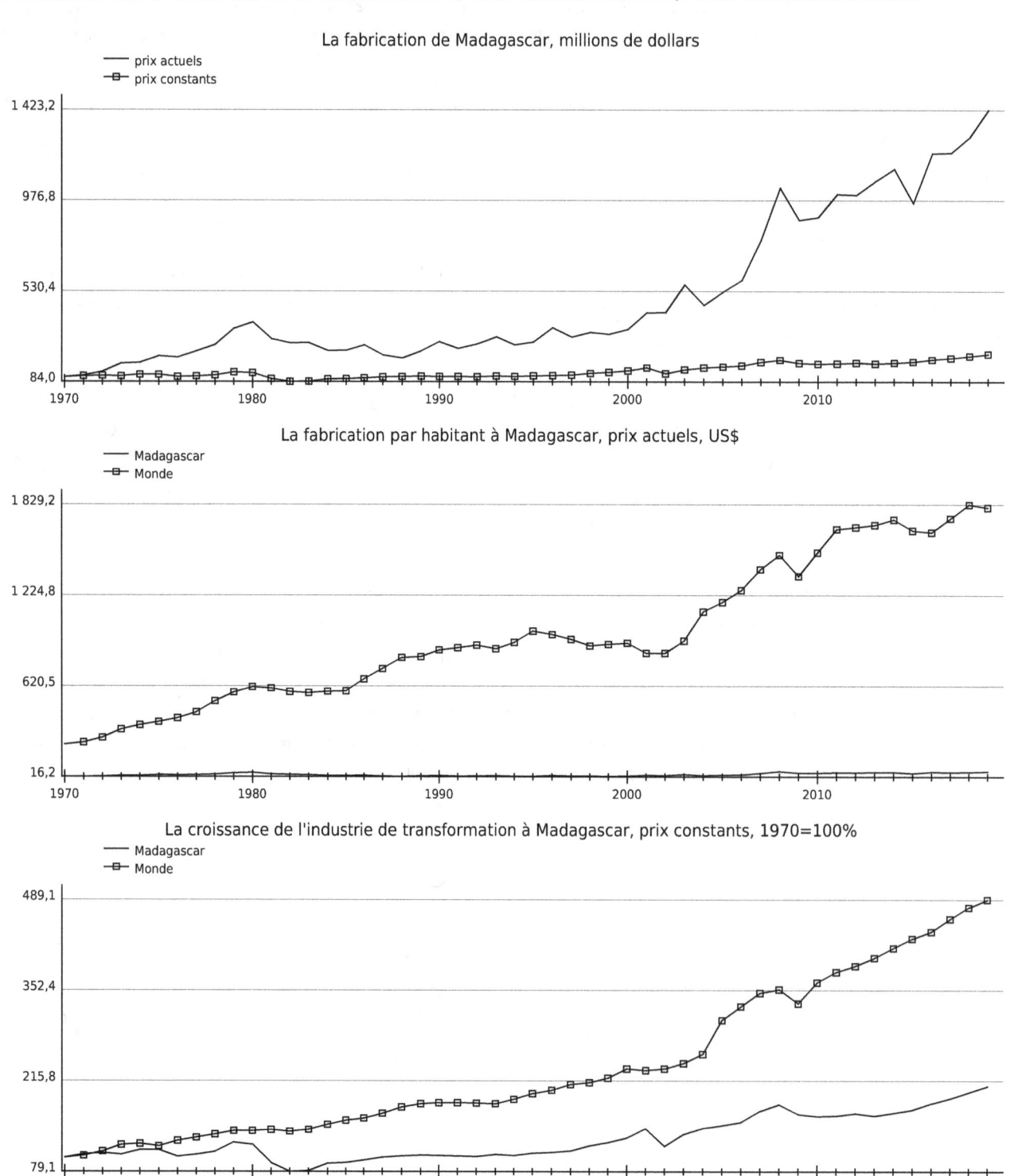

Chapitre 5.1. Fabrication

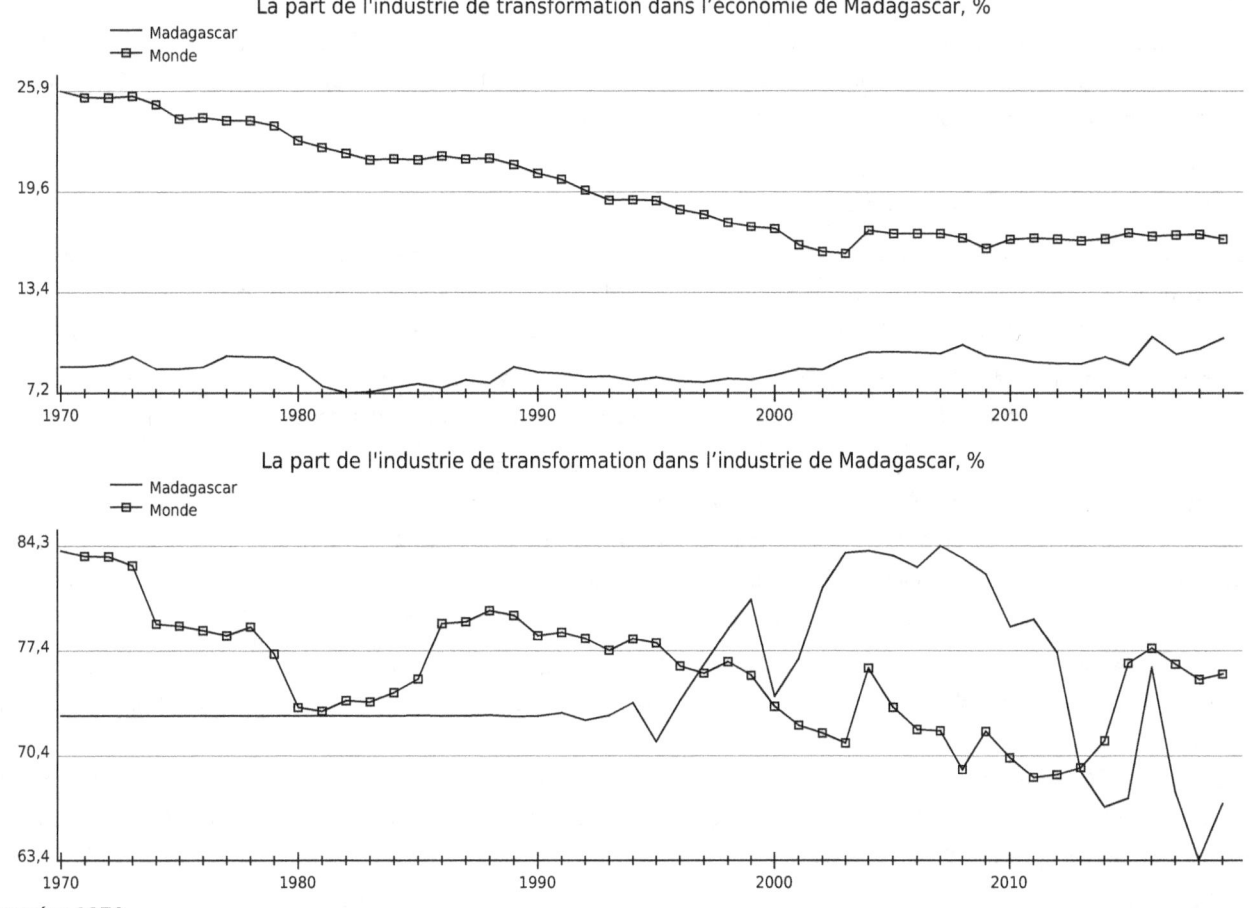

Les années 1970

Le secteur de l'industrie de transformation à Madagascar était de 196,5 millions de dollars par an dans les années 1970, se classant au 99ème rang mondial à égalité avec la Nouvelle-Calédonie (195,4 millions de dollars), le Burkina Faso (194,5 millions de dollars). La part dans le monde était de 0,013% et de 0,48% en Afrique.

La part de la fabrication dans l'économie de Madagascar était de 9,1% dans les années 1970, au 120ème rang mondial, à égalité avec l'Iran (9,0%).

La fabrication par habitant à Madagascar était de 26.3 dollars dans les années 1970, se classant au 141ème rang mondial, à égalité avec les Comores (25,7 de dollars), d'Haïti (26,9 de dollars). La fabrication par habitant à Madagascar était 14,6 fois inférieure la fabrication par habitant au Monde (383,2 US$), et 3,8 fois inférieure la fabrication par habitant en Afrique (99,3 US$).

La croissance de la fabrication à Madagascar était de 2.3% dans les années 1970, se situant au 147ème rang mondial, à égalité avec la Polynésie (2,3%). La croissance de la fabrication à Madagascar (2,3%) a été inférieure à celle du monde (3,8%), et inférieure à celle de l'Afrique (4,9%).

Comparaison avec les voisins. La valeur de la fabrication à Madagascar était supérieure à celle de Maurice (102,1 millions de dollars), des Comores (6,6 millions de dollars) et des Seychelles (1,4 millions de dollars); mais inférieure à celle du Mozambique (1,5 milliards de dollars). La fabrication par habitant à Madagascar était supérieure à celle des Comores (25,7 de dollars) et des Seychelles (23,0 de dollars); mais inférieure à celle du Mozambique (149,7 de dollars) et de Maurice (115,0 de dollars). La croissance de la fabrication à Madagascar était inférieure à celle des Seychelles (10,1%), de Maurice (8,1%), des Comores (4,4%) et du Mozambique (3,8%).

Comparaison avec les leaders. La valeur de la fabrication à Madagascar était inférieure à celle des États-Unis (378,0 milliards de dollars), de l'URSS (248,8 milliards de dollars), du Japon (169,3 milliards de dollars), de l'Allemagne (138,0 milliards de dollars) et de la France (64,5 milliards de dollars). La fabrication par habitant à Madagascar était inférieure à celle de l'Allemagne (1 752,1 de dollars), des États-Unis (1 731,8 de dollars), du Japon (1 520,6 de dollars), de la France (1 203,0 de dollars) et de l'URSS (986,6 de dollars). La croissance de la fabrication à Madagascar était supérieure à celle de l'Allemagne (2,1%); mais inférieure à celle de l'URSS (5,2%), du Japon (4,5%), de la France (3,5%) et des États-Unis (2,7%).

Les années 1980

La fabrication de Madagascar était de 261,8 millions de dollars par an dans les années 1980, se situant au 111ème rang mondial à égalité avec le Yémen (265,3 millions de dollars), la Nouvelle-Calédonie (258,2 millions de dollars), le Gabon (265,6 millions de dollars). La part dans le monde était de 0,0082% et de 0,31% en Afrique.

La part de l'industrie de transformation dans l'économie de Madagascar était de 7,8% dans les années 1980, se situant au 134ème rang mondial, à égalité avec la Guinée-Bissau (7,9%).

La fabrication par habitant à Madagascar était de 26.3 dollars dans les années 1980, se situant au 160ème rang mondial, à égalité avec le Soudan (26,3 de dollars). La fabrication par habitant à Madagascar était 25,1 fois inférieure la fabrication par habitant au Monde (661,2 US$), et 6,0 fois inférieure la fabrication par habitant en Afrique (157,6 US$).

La croissance de la fabrication à Madagascar était de -1.7% dans les années 1980, se situant au 169ème rang mondial. La croissance de la fabrication à Madagascar (-1,7%) a été inférieure à celle du monde (2,6%), et inférieure à celle de l'Afrique (2,0%).

Comparaison avec les voisins. La fabrication de Madagascar était supérieure à celle des Comores (17,8 millions de dollars) et des Seychelles (8,4 millions de dollars); mais inférieure à celle du Mozambique (1,2 milliards de dollars) et de Maurice (311,9 millions de dollars). La fabrication par habitant à Madagascar était inférieure à celle de Maurice (309,1 de dollars), des Seychelles (121,7 de dollars), du Mozambique (96,6 de dollars) et des Comores (50,5 de dollars). La croissance de la fabrication à Madagascar était supérieure à celle du Mozambique (-2,3%); mais inférieure à celle de Maurice (8,0%), des Seychelles (5,3%) et des Comores (4,9%).

Comparaison avec les leaders. La fabrication de Madagascar était inférieure à celle des États-Unis (789,4 milliards de dollars), du Japon (501,0 milliards de dollars), de l'URSS (305,7 milliards de dollars), de l'Allemagne (258,7 milliards de dollars) et de l'Italie (134,1 milliards de dollars). La fabrication par habitant à Madagascar était inférieure à celle du Japon (4 131,0 de dollars), de l'Allemagne (3 316,0 de dollars), des États-Unis (3 296,4 de dollars), de l'Italie (2 359,9 de dollars) et de l'URSS (1 110,8 de dollars). La croissance de l'industrie de transformation à Madagascar était inférieure à celle de l'URSS (5,3%), du Japon (4,4%), de l'Italie (2,5%), des États-Unis (1,9%) et de l'Allemagne (1,2%).

Les années 1990

La valeur ajoutée de l'industrie de transformation à Madagascar était de 295,6 millions de dollars par an dans les années 1990, au 141ème rang mondial à égalité avec le Mali (299,1 millions de dollars), la Polynésie (289,1 millions de dollars). La part dans le monde était de 0,0057% et de 0,33% en Afrique.

La part de l'industrie de transformation dans l'économie de Madagascar était de 8,1% dans les années 1990, au 150ème rang mondial, à égalité avec l'Albanie (8,1%).

La fabrication par habitant à Madagascar était de 22.1 dollars dans les années 1990, au 191ème rang mondial, à égalité avec le Niger (22,2 de dollars), le Laos (22,0 de dollars), l'Érythrée (22,4 de dollars). La fabrication par habitant à Madagascar était 41,0 fois inférieure la fabrication par habitant au Monde (908,4 US$), et 5,6 fois inférieure la fabrication par habitant en Afrique (124,8 US$).

La croissance de l'industrie de transformation à Madagascar était de 1.7% dans les années 1990, se situant au 118ème rang mondial. La croissance de l'industrie de transformation à Madagascar (1,7%) a été inférieure à celle du monde (2,0%), et supérieure à celle de l'Afrique (0,55%).

Comparaison avec les voisins. Le secteur de la fabrication à Madagascar était supérieur à celui des Seychelles (39,3 millions de dollars) et des Comores (27,7 millions de dollars); mais inférieur à celui de Maurice (750,3 millions de dollars) et du Mozambique (505,1 millions de dollars). La fabrication par habitant à Madagascar était inférieure à celle de Maurice (670,8 de dollars), des Seychelles (520,4 de dollars), des Comores (58,9 de dollars) et du Mozambique (33,4 de dollars). La croissance de la fabrication à Madagascar était inférieure à celle des Seychelles (23,0%), du Mozambique (5,4%), de Maurice (5,4%) et des Comores (2,4%).

Comparaison avec les leaders. Le secteur de l'industrie de transformation à Madagascar était inférieur à celui des États-Unis (1,2 billions de dollars), du Japon (1,0 billions de dollars), de l'Allemagne (468,8 milliards de dollars), de l'Italie (227,8 milliards de dollars) et de la France (215,0 milliards de dollars). La fabrication par habitant à Madagascar était inférieure à celle du Japon (8 305,2 de dollars), de l'Allemagne (5 813,5 de dollars), des États-Unis (4 707,3 de dollars), de l'Italie (3 994,1 de dollars) et de la France (3 621,1 de dollars). La croissance de la fabrication à Madagascar était supérieure à celle de l'Italie (1,2%), du Japon (1,1%) et de l'Allemagne (0,26%); mais inférieure à celle des États-Unis (3,2%) et de la France (2,4%).

Chapitre 5.1. Fabrication

Les années 2000

La valeur de l'industrie de transformation à Madagascar était de 602,8 millions de dollars par an dans les années 2000, au 132ème rang mondial à égalité avec l'Arménie (594,5 millions de dollars). La part dans le monde était de 0,0081% et de 0,46% en Afrique.

La part de l'industrie de transformation dans l'économie de Madagascar était de 9,5% dans les années 2000, se classant au 135ème rang mondial, à égalité avec le Rwanda (9,5%), le Qatar (9,4%), Nauru (9,4%).

La fabrication par habitant à Madagascar était de 33.3 dollars dans les années 2000, se classant au 195ème rang mondial. La fabrication par habitant à Madagascar était 34,2 fois inférieure la fabrication par habitant au Monde (1 138,1 US$), et 4,4 fois inférieure la fabrication par habitant en Afrique (144,8 US$).

La croissance de la fabrication à Madagascar était de 3% dans les années 2000, se situant au 104ème rang mondial, à égalité avec la Palestine (3,1%), l'Afghanistan (3,1%). La croissance de la fabrication à Madagascar (3,0%) a été inférieure à celle du monde (4,2%), et inférieure à celle de l'Afrique (3,5%).

Comparaison avec les voisins. La valeur de l'industrie de transformation à Madagascar était supérieure à celle des Seychelles (80,2 millions de dollars) et des Comores (44,9 millions de dollars); mais inférieure à celle de Maurice (1,1 milliards de dollars) et du Mozambique (1,1 milliards de dollars). La fabrication par habitant à Madagascar était inférieure à celle de Maurice (930,8 de dollars), des Seychelles (921,5 de dollars), des Comores (74,1 de dollars) et du Mozambique (53,6 de dollars). La croissance de la fabrication à Madagascar était supérieure à celle des Comores (1,8%), de Maurice (1,6%) et des Seychelles (-3,3%); mais inférieure à celle du Mozambique (9,7%).

Comparaison avec les leaders. La valeur ajoutée de l'industrie de transformation à Madagascar était inférieure à celle des États-Unis (1,6 billions de dollars), de la Chine (1,1 billions de dollars), du Japon (992,9 milliards de dollars), de l'Allemagne (551,4 milliards de dollars) et de l'Italie (277,2 milliards de dollars). La fabrication par habitant à Madagascar était inférieure à celle du Japon (7 746,3 de dollars), de l'Allemagne (6 773,6 de dollars), des États-Unis (5 600,5 de dollars), de l'Italie (4 780,8 de dollars) et de la Chine (815,3 de dollars). La croissance de la fabrication à Madagascar était supérieure à celle des États-Unis (1,6%), du Japon (0,32%), de l'Allemagne (0,097%) et de l'Italie (-1,3%).

Les années 2010

La fabrication de Madagascar était de 1,1 milliards de dollars par an dans les années 2010, au 133ème rang mondial à égalité avec le Laos (1,1 milliards de dollars), le Tchad (1,1 milliards de dollars), la Jamaïque (1,1 milliards de dollars). La part dans le monde était de 0,0090% et de 0,46% en Afrique.

La part de la fabrication dans l'économie de Madagascar était de 9,6% dans les années 2010, se situant au 126ème rang mondial.

La fabrication par habitant à Madagascar était de 46.7 dollars dans les années 2010, au 196ème rang mondial, à égalité avec le Mozambique (47,9 de dollars). La fabrication par habitant à Madagascar était 36,3 fois inférieure la fabrication par habitant au Monde (1 697,4 US$), et 4,4 fois inférieure la fabrication par habitant en Afrique (206,2 US$).

La croissance de la fabrication à Madagascar était de 2.3% dans les années 2010, se classant au 124ème rang mondial, à égalité avec les Salomon (2,3%), la Namibie (2,3%), l'Afrique du Nord (2,3%). La croissance de l'industrie de transformation à Madagascar (2,3%) a été inférieure à celle du monde (3,9%), et inférieure à celle de l'Afrique (3,6%).

Comparaison avec les voisins. La fabrication de Madagascar était 12,5 fois supérieure à celle des Seychelles (89,6 millions de dollars) et 14,7 fois supérieure à celle des Comores (76,0 millions de dollars); mais 29,1% inférieure à celle de Maurice (1,6 milliards de dollars) et 12,7% inférieure à celle du Mozambique (1,3 milliards de dollars). La fabrication par habitant à Madagascar était 26,9 fois inférieure à celle de Maurice (1 256,0 de dollars), 20,3 fois inférieure à celle des Seychelles (947,4 de dollars), 2,1 fois inférieure à celle des Comores (98,8 de dollars) et 2,4% inférieure à celle du Mozambique (47,9 de dollars). La croissance de la fabrication à Madagascar était supérieure à celle de Maurice (1,4%); mais inférieure à celle des Seychelles (4,4%), des Comores (4,3%) et du Mozambique (3,0%).

Comparaison avec les leaders. La valeur ajoutée de l'industrie de transformation à Madagascar était 2 780,4 fois inférieure à celle de la Chine (3,1 billions de dollars), 1 848,1 fois inférieure à celle des États-Unis (2,1 billions de dollars), 946,1 fois inférieure à celle du Japon (1,1 billions de dollars), 656,2 fois inférieure à celle de l'Allemagne (735,2 milliards de dollars) et 348,6 fois inférieure à celle de la Corée du Sud (390,5 milliards de dollars). La fabrication par habitant à Madagascar était 192,2 fois inférieure à celle de l'Allemagne (8

981,7 de dollars), 177,3 fois inférieure à celle du Japon (8 286,2 de dollars), 165,3 fois inférieure à celle de la Corée du Sud (7 723,3 de dollars), 138,7 fois inférieure à celle des États-Unis (6 481,0 de dollars) et 47,5 fois inférieure à celle de la Chine (2 221,3 de dollars). La croissance de l'industrie de transformation à Madagascar était supérieure à celle des États-Unis (1,9%); mais inférieure à celle de la Chine (7,5%), de la Corée du Sud (3,8%), de l'Allemagne (3,5%) et du Japon (3,0%).

Chapitre VI. Construction

(ISIC F)

La construction de Madagascar est passé de 75,4 millions de dollars par an dans les années 1970 à 783,8 millions de dollars par an dans les années 2010, c'est-à-dire 708,4 millions de dollars ou de 10,4 fois. La variation a été de 341,6 millions de dollars en raison de l'augmentation de 1,8 fois des prix, et de 200,5 millions de dollars en raison de la croissance de productivité de 1,8 fois, et de 166,4 millions de dollars en raison de la croissance démographique. La croissance annuelle moyenne de la construction était de 4,4%. La valeur minimale était de 40,7 millions de dollars en 1970. La valeur maximale était de 1,0 milliards de dollars en 2019.

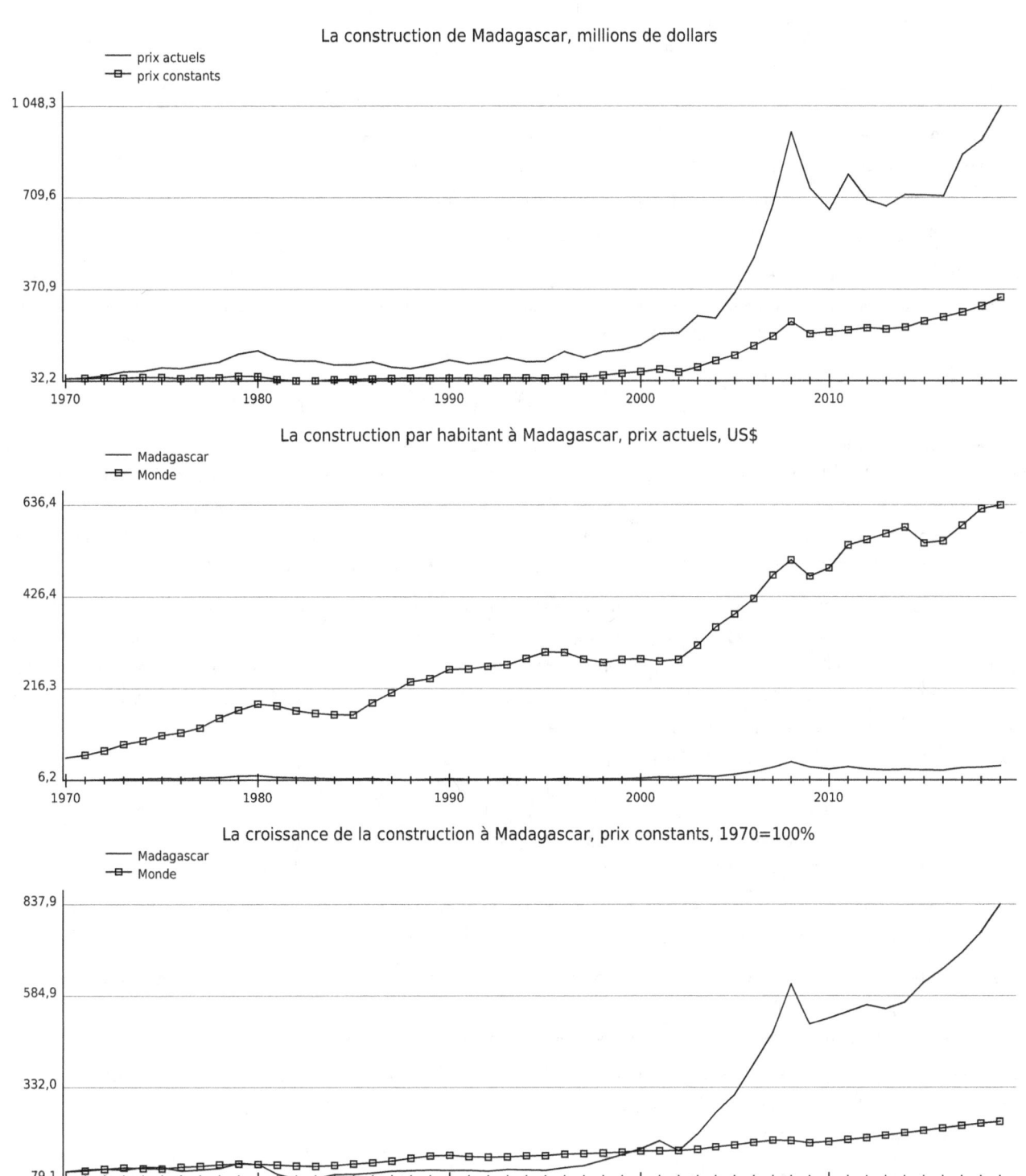

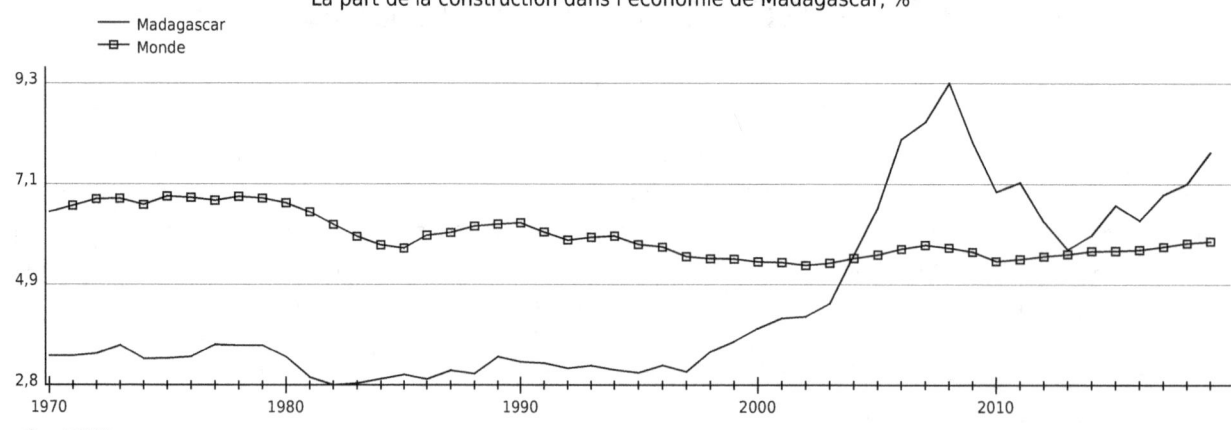

Les années 1970

La construction de Madagascar était de 75,4 millions de dollars par an dans les années 1970, se classant au 103ème rang mondial à égalité avec la Nouvelle-Calédonie (76,5 millions de dollars). La part dans le monde était de 0,018% et de 0,46% en Afrique.

La part de la construction dans l'économie de Madagascar était de 3,5% dans les années 1970, se situant au 153ème rang mondial, à égalité avec la Papouasie-Nouvelle-Guinée (3,5%), les Maldives (3,5%).

La construction par habitant à Madagascar était de 10.1 dollars dans les années 1970, se classant au 156ème rang mondial, à égalité avec l'Est (10,1 de dollars), la Tanzanie (9,9 de dollars). La construction par habitant à Madagascar était 10,5 fois inférieure la construction par habitant au Monde (106,1 US$), et 4,0 fois inférieure la construction par habitant en Afrique (39,9 US$).

La croissance de la construction à Madagascar était de 2.3% dans les années 1970, au 136ème rang mondial. La croissance de la construction à Madagascar (2,3%) a été supérieure à celle du monde (2,1%), et inférieure à celle de l'Afrique (4,5%).

Comparaison avec les voisins. La construction de Madagascar était supérieure à celle de Maurice (38,4 millions de dollars), des Comores (7,4 millions de dollars) et des Seychelles (1,7 millions de dollars); mais inférieure à celle du Mozambique (166,3 millions de dollars). La construction par habitant à Madagascar était inférieure à celle de Maurice (43,3 de dollars), des Seychelles (29,6 de dollars), des Comores (28,7 de dollars) et du Mozambique (16,5 de dollars). La croissance de la construction à Madagascar était inférieure à celle des Seychelles (10,1%), de Maurice (6,8%), des Comores (4,5%) et du Mozambique (3,8%).

Comparaison avec les leaders. La valeur de la construction à Madagascar était inférieure à celle des États-Unis (81,1 milliards de dollars), de l'URSS (52,5 milliards de dollars), du Japon (43,5 milliards de dollars), de l'Allemagne (33,8 milliards de dollars) et de la France (22,4 milliards de dollars). La construction par habitant à Madagascar était inférieure à celle de l'Allemagne (428,6 de dollars), de la France (417,3 de dollars), du Japon (390,8 de dollars), des États-Unis (371,5 de dollars) et de l'URSS (208,1 de dollars). La croissance de la construction à Madagascar était supérieure à celle de la France (2,0%), de l'Allemagne (0,66%) et des États-Unis (0,31%); mais inférieure à celle de l'URSS (6,5%) et du Japon (3,4%).

Les années 1980

La valeur de la construction à Madagascar était de 100,4 millions de dollars par an dans les années 1980, se classant au 112ème rang mondial à égalité avec l'Ouganda (99,3 millions de dollars). La part dans le monde était de 0,011% et de 0,35% en Afrique.

La part de la construction dans l'économie de Madagascar était de 3,0% dans les années 1980, se situant au 161ème rang mondial, à égalité avec la république du Congo (3,0%), le Pakistan (3,0%), le Salvador (3,0%).

La construction par habitant à Madagascar était de 10.1 dollars dans les années 1980, se classant au 167ème rang mondial, à égalité avec la Zambie (10,0 de dollars). La construction par habitant à Madagascar était 18,4 fois inférieure la construction par habitant au Monde (186,2 US$), et 5,3 fois inférieure la construction par habitant en Afrique (53,3 US$).

La croissance de la construction à Madagascar était de -1.7% dans les années 1980, se classant au 149ème rang mondial, à égalité avec le Costa Rica (-1,7%). La croissance de la construction à Madagascar (-1,7%) a été inférieure à celle du monde (1,7%), et inférieure à celle de l'Afrique (0,41%).

Comparaison avec les voisins. Le secteur de la construction à Madagascar était supérieur à celui de Maurice (67,6 millions de dollars),

Chapitre VI. Construction

des Comores (20,2 millions de dollars) et des Seychelles (4,5 millions de dollars); mais inférieur à celui du Mozambique (132,5 millions de dollars). La construction par habitant à Madagascar était inférieure à celle de Maurice (67,0 de dollars), des Seychelles (65,3 de dollars), des Comores (57,5 de dollars) et du Mozambique (10,6 de dollars). La croissance de la construction à Madagascar était supérieure à celle du Mozambique (-2,3%), des Comores (-5,8%) et des Seychelles (-6,4%); mais inférieure à celle de Maurice (2,7%).

Comparaison avec les leaders. Le secteur de la construction à Madagascar était inférieur à celui des États-Unis (180,6 milliards de dollars), du Japon (138,7 milliards de dollars), de l'URSS (72,1 milliards de dollars), de l'Allemagne (57,8 milliards de dollars) et de la France (42,5 milliards de dollars). La construction par habitant à Madagascar était inférieure à celle du Japon (1 143,9 de dollars), des États-Unis (754,4 de dollars), de la France (751,9 de dollars), de l'Allemagne (740,2 de dollars) et de l'URSS (262,0 de dollars). La croissance de la construction à Madagascar était inférieure à celle de l'URSS (6,2%), du Japon (2,1%), des États-Unis (1,1%), de la France (0,67%) et de l'Allemagne (-0,52%).

Les années 1990

Le secteur de la construction à Madagascar était de 117,9 millions de dollars par an dans les années 1990, se situant au 142ème rang mondial à égalité avec le Lesotho (115,1 millions de dollars). La part dans le monde était de 0,0074% et de 0,48% en Afrique.

La part de la construction dans l'économie de Madagascar était de 3,2% dans les années 1990, se classant au 178ème rang mondial, à égalité avec les Salomon (3,2%), la Zambie (3,3%).

La construction par habitant à Madagascar était de 8.8 dollars dans les années 1990, se classant au 197ème rang mondial. La construction par habitant à Madagascar était 31,5 fois inférieure la construction par habitant au Monde (278,6 US$), et 3,9 fois inférieure la construction par habitant en Afrique (34,6 US$).

La croissance de la construction à Madagascar était de 3.5% dans les années 1990, au 89ème rang mondial, à égalité avec l'Afghanistan (3,5%), Sainte-Lucie (3,5%). La croissance de la construction à Madagascar (3,5%) a été supérieure à celle du monde (0,71%), et supérieure à celle de l'Afrique (2,8%).

Comparaison avec les voisins. La construction de Madagascar était supérieure à celle du Mozambique (100,7 millions de dollars), des Seychelles (21,3 millions de dollars) et des Comores (17,5 millions de dollars); mais inférieure à celle de Maurice (195,4 millions de dollars). La construction par habitant à Madagascar était supérieure à celle du Mozambique (6,7 dollars); mais inférieure à celle des Seychelles (282,1 de dollars), de Maurice (174,7 de dollars) et des Comores (37,2 de dollars). La croissance de la construction à Madagascar était inférieure à celle des Seychelles (23,6%), du Mozambique (11,0%), de Maurice (6,1%) et des Comores (6,0%).

Comparaison avec les leaders. La valeur ajoutée de la construction à Madagascar était inférieure à celle du Japon (343,2 milliards de dollars), des États-Unis (299,1 milliards de dollars), de l'Allemagne (125,2 milliards de dollars), du Royaume-Uni (69,8 milliards de dollars) et de la France (68,8 milliards de dollars). La construction par habitant à Madagascar était inférieure à celle du Japon (2 721,7 de dollars), de l'Allemagne (1 552,3 de dollars), du Royaume-Uni (1 205,1 de dollars), de la France (1 158,8 de dollars) et des États-Unis (1 131,2 de dollars). La croissance de la construction à Madagascar était supérieure à celle des États-Unis (1,8%), de l'Allemagne (-0,047%), du Royaume-Uni (-0,34%), de la France (-0,65%) et du Japon (-1,0%).

Les années 2000

La construction de Madagascar était de 434,3 millions de dollars par an dans les années 2000, se situant au 121ème rang mondial à égalité avec la Jordanie (425,2 millions de dollars). La part dans le monde était de 0,018% et de 0,89% en Afrique.

La part de la construction dans l'économie de Madagascar était de 6,8% dans les années 2000, se classant au 72ème rang mondial, à égalité avec Sainte-Lucie (6,8%).

La construction par habitant à Madagascar était de 24 dollars dans les années 2000, se classant au 184ème rang mondial, à égalité avec le Kenya (23,8 de dollars), les Salomon (23,5 de dollars). La construction par habitant à Madagascar était 15,9 fois inférieure la construction par habitant au Monde (381,3 US$), et 2,2 fois inférieure la construction par habitant en Afrique (53,8 US$).

La croissance de la construction à Madagascar était de 13.2% dans les années 2000, au 21ème rang mondial, à égalité avec l'Ouganda (13,3%), la Géorgie (13,3%). La croissance de la construction à Madagascar (13,2%) a été supérieure à celle du monde (1,5%), et supérieure à celle de l'Afrique (8,4%).

Comparaison avec les voisins. La valeur de la construction à Madagascar était supérieure à celle de Maurice (349,0 millions de dollars), du Mozambique (146,2 millions de dollars), des Seychelles (44,6 millions de dollars) et des Comores (20,6 millions de dollars). La construction par habitant à Madagascar était supérieure à celle du Mozambique (7,2 de dollars); mais inférieure à celle des Seychelles (512,0 de dollars), de Maurice (286,7 de dollars) et des Comores (34,0 de dollars). La croissance de la construction à Madagascar était supérieure à celle du Mozambique (10,2%), des Seychelles (8,2%), de Maurice (6,8%) et des Comores (3,4%).

Comparaison avec les leaders. La construction de Madagascar était inférieure à celle des États-Unis (583,0 milliards de dollars), du Japon (270,5 milliards de dollars), de la Chine (150,1 milliards de dollars), du Royaume-Uni (132,1 milliards de dollars) et de l'Espagne (111,8 milliards de dollars). La construction par habitant à Madagascar était inférieure à celle de l'Espagne (2 560,2 de dollars), du Royaume-Uni (2 186,4 de dollars), du Japon (2 110,1 de dollars), des États-Unis (1 983,7 de dollars) et de la Chine (113,1 de dollars). La croissance de la construction à Madagascar était supérieure à celle de la Chine (11,9%), de l'Espagne (1,7%), du Royaume-Uni (0,17%), des États-Unis (-2,6%) et du Japon (-3,9%).

Les années 2010

La valeur ajoutée de la construction à Madagascar était de 783,8 millions de dollars par an dans les années 2010, au 126ème rang mondial à égalité avec le Laos (771,4 millions de dollars). La part dans le monde était de 0,019% et de 0,61% en Afrique.

La part de la construction dans l'économie de Madagascar était de 6,7% dans les années 2010, se situant au 79ème rang mondial, à égalité avec l'Asie du Sud-Est (6,7%).

La construction par habitant à Madagascar était de 32.7 dollars dans les années 2010, au 194ème rang mondial, à égalité avec le Tchad (32,3 de dollars). La construction par habitant à Madagascar était 17,5 fois inférieure la construction par habitant au Monde (572,1 US$), et 3,3 fois inférieure la construction par habitant en Afrique (109,4 US$).

La croissance de la construction à Madagascar était de 5.2% dans les années 2010, se classant au 65ème rang mondial, à égalité avec les îles Cook (5,1%), l'Inde (5,2%). La croissance de la construction à Madagascar (5,2%) a été supérieure à celle du monde (2,9%), et inférieure à celle de l'Afrique (5,8%).

Comparaison avec les voisins. La valeur ajoutée de la construction à Madagascar était 39,3% supérieure à celle de Maurice (562,5 millions de dollars), 3,1 fois supérieure à celle du Mozambique (253,6 millions de dollars), 17,2 fois supérieure à celle des Seychelles (45,6 millions de dollars) et 46,9 fois supérieure à celle des Comores (16,7 millions de dollars). La construction par habitant à Madagascar était 50,3% supérieure à celle des Comores (21,8 de dollars) et 3,5 fois supérieure à celle du Mozambique (9,5 de dollars); mais 14,8 fois inférieure à celle des Seychelles (482,9 de dollars) et 13,7 fois inférieure à celle de Maurice (446,9 de dollars). La croissance de la construction à Madagascar était supérieure à celle du Mozambique (3,8%), de Maurice (0,12%), des Seychelles (-2,4%) et des Comores (-6,8%).

Comparaison avec les leaders. La construction de Madagascar était 932,7 fois inférieure à celle de la Chine (731,1 milliards de dollars), 868,5 fois inférieure à celle des États-Unis (680,8 milliards de dollars), 355,5 fois inférieure à celle du Japon (278,7 milliards de dollars), 214,5 fois inférieure à celle de l'Inde (168,1 milliards de dollars) et 195,5 fois inférieure à celle de l'Allemagne (153,2 milliards de dollars). La construction par habitant à Madagascar était 66,6 fois inférieure à celle du Japon (2 178,3 de dollars), 65,2 fois inférieure à celle des États-Unis (2 130,9 de dollars), 57,3 fois inférieure à celle de l'Allemagne (1 871,9 de dollars), 15,9 fois inférieure à celle de la Chine (521,3 de dollars) et 3,9 fois inférieure à celle de l'Inde (129,1 de dollars). La croissance de la construction à Madagascar était supérieure à celle de l'Inde (5,2%), de l'Allemagne (1,8%), du Japon (1,7%) et des États-Unis (1,4%); mais inférieure à celle de la Chine (8,2%).

Chapitre VII. Transport

Transport et stockage (ISIC I)

La valeur du transport à Madagascar est passé de 180,4 millions de dollars par an dans les années 1970 à 1,0 milliards de dollars par an dans les années 2010, c'est-à-dire 841,3 millions de dollars ou de 5,7 fois. La variation a été de 641,8 millions de dollars en raison de l'augmentation de 2,7 fois des prix, et de -198,5 millions de dollars en raison de la baisse de productivité de 1,5 fois, et de 398,0 millions de dollars en raison de la croissance démographique. La croissance annuelle moyenne du transport était de 2,0%. La valeur minimale était de 119,1 millions de dollars en 1970. La valeur maximale était de 1,2 milliards de dollars en 2017.

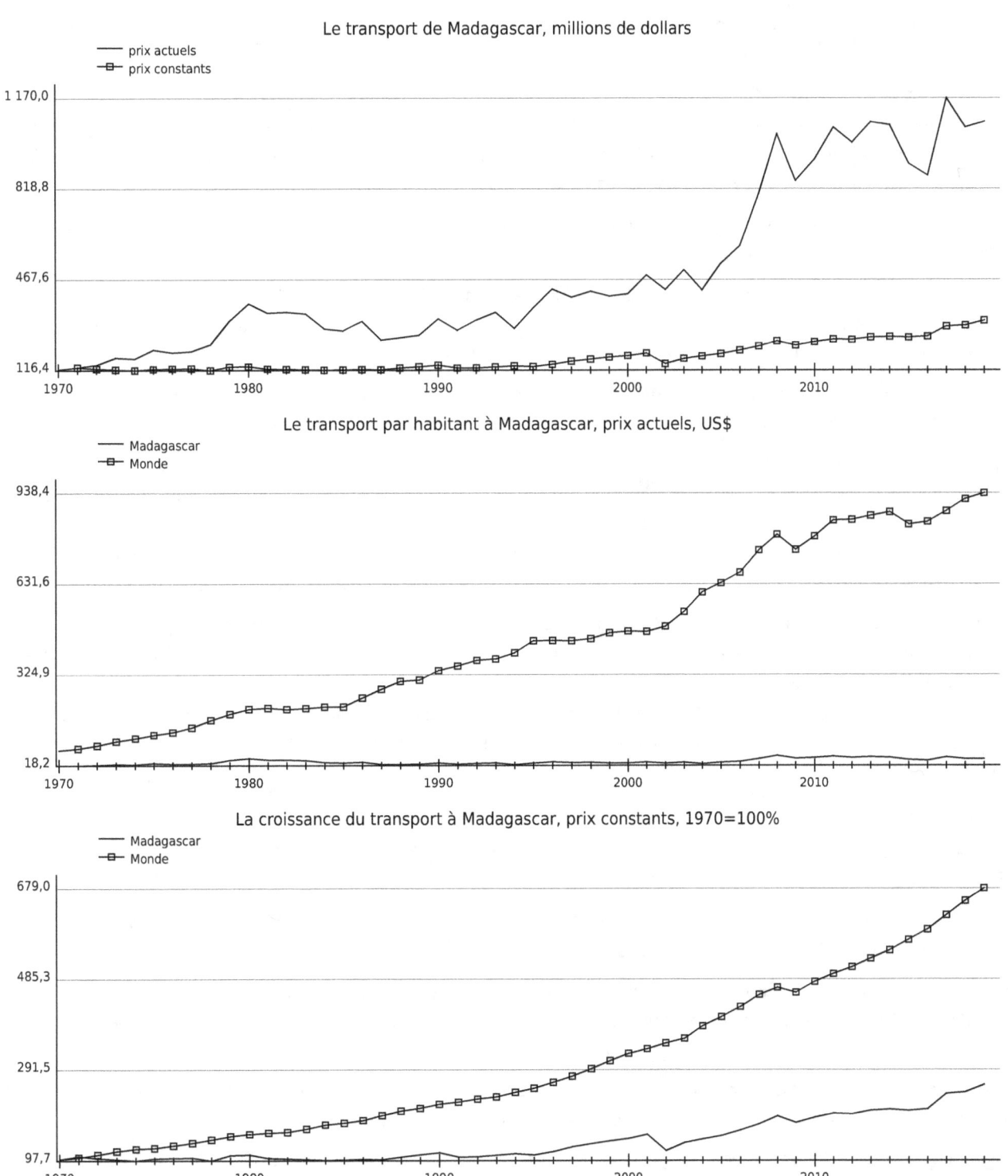

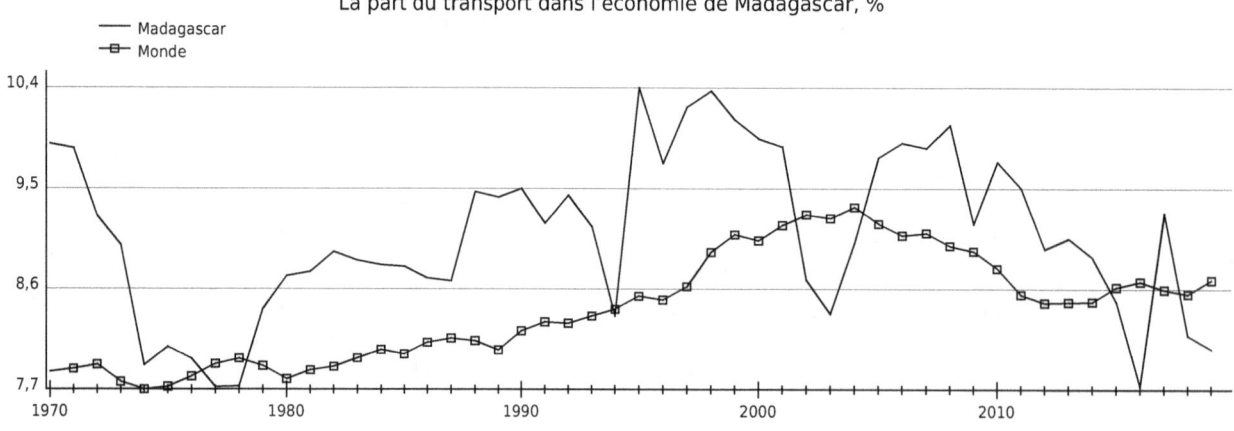

Les années 1970

La valeur ajoutée du transport à Madagascar était de 180,4 millions de dollars par an dans les années 1970, se situant au 85ème rang mondial à égalité avec l'Éthiopie (178,9 millions de dollars), le Panama (182,2 millions de dollars), la Birmanie (176,0 millions de dollars). La part dans le monde était de 0,037% et de 0,79% en Afrique.

La part du transport dans l'économie de Madagascar était de 8,4% dans les années 1970, se classant au 57ème rang mondial, à égalité avec l'Océanie (8,3%), la Syrie (8,3%), les Tuvalu (8,3%).

Le transport par habitant à Madagascar était de 24.1 dollars dans les années 1970, au 133ème rang mondial, à égalité avec le Guatemala (24,4 de dollars), Sierra Leone (23,8 de dollars). Le transport par habitant à Madagascar était 5,1 fois inférieur le transport par habitant au Monde (122,3 US$), et 2,3 fois inférieur le transport par habitant en Afrique (55,9 US$).

La croissance du transport à Madagascar était de 1% dans les années 1970, se classant au 169ème rang mondial. La croissance du transport à Madagascar (0,97%) a été inférieure à celle du monde (4,6%), et inférieure à celle de l'Afrique (6,8%).

Comparaison avec les voisins. Le transport de Madagascar était supérieur à celui de Maurice (49,1 millions de dollars), des Comores (4,6 millions de dollars) et des Seychelles (2,2 millions de dollars); mais inférieur à celui du Mozambique (480,1 millions de dollars). Le transport par habitant à Madagascar était supérieur à celui des Comores (18,0 de dollars); mais inférieur à celui de Maurice (55,4 de dollars), du Mozambique (47,5 de dollars) et des Seychelles (36,6 de dollars). La croissance du transport à Madagascar était inférieure à celle des Seychelles (9,1%), de Maurice (7,9%), des Comores (4,5%) et du Mozambique (3,8%).

Comparaison avec les leaders. Le transport de Madagascar était inférieur à celui des États-Unis (168,6 milliards de dollars), du Japon (46,4 milliards de dollars), de l'Allemagne (29,6 milliards de dollars), de l'URSS (28,8 milliards de dollars) et de la France (24,0 milliards de dollars). Le transport par habitant à Madagascar était inférieur à celui des États-Unis (772,4 de dollars), de la France (447,4 de dollars), du Japon (416,6 de dollars), de l'Allemagne (376,1 de dollars) et de l'URSS (114,0 de dollars). La croissance du transport à Madagascar était inférieure à celle de l'URSS (8,1%), des États-Unis (4,2%), de la France (4,1%), de l'Allemagne (3,0%) et du Japon (1,7%).

Les années 1980

Le secteur du transport à Madagascar était de 297,4 millions de dollars par an dans les années 1980, au 96ème rang mondial. La part dans le monde était de 0,025% et de 0,61% en Afrique.

La part du transport dans l'économie de Madagascar était de 8,9% dans les années 1980, se classant au 63ème rang mondial, à égalité avec l'Égypte (8,9%), l'Australie (8,9%), l'Océanie (8,9%).

Le transport par habitant à Madagascar était de 29.9 dollars dans les années 1980, se classant au 151ème rang mondial, à égalité avec le Kenya (30,6 de dollars). Le transport par habitant à Madagascar était 8,1 fois inférieur le transport par habitant au Monde (242,0 US$), et 3,0 fois inférieur le transport par habitant en Afrique (90,3 US$).

La croissance du transport à Madagascar était de 0.1% dans les années 1980, se classant au 166ème rang mondial. La croissance du transport à Madagascar (0,064%) a été inférieure à celle du monde (3,4%), et supérieure à celle de l'Afrique (-0,23%).

Comparaison avec les voisins. La valeur du transport à Madagascar était supérieure à celle de Maurice (128,8 millions de dollars), des

Chapitre VII. Transport

Comores (14,0 millions de dollars) et des Seychelles (7,1 millions de dollars); mais inférieure à celle du Mozambique (681,7 millions de dollars). Le transport par habitant à Madagascar était inférieur à celui de Maurice (127,6 de dollars), des Seychelles (103,3 de dollars), du Mozambique (54,6 de dollars) et des Comores (39,9 de dollars). La croissance du transport à Madagascar était supérieure à celle du Mozambique (-1,1%); mais inférieure à celle des Comores (5,2%), de Maurice (5,0%) et des Seychelles (0,13%).

Comparaison avec les leaders. Le secteur du transport à Madagascar était inférieur à celui des États-Unis (394,9 milliards de dollars), du Japon (147,7 milliards de dollars), de l'Allemagne (56,6 milliards de dollars), de la France (56,2 milliards de dollars) et du Royaume-Uni (53,0 milliards de dollars). Le transport par habitant à Madagascar était inférieur à celui des États-Unis (1 649,2 de dollars), du Japon (1 217,8 de dollars), de la France (993,7 de dollars), du Royaume-Uni (938,7 de dollars) et de l'Allemagne (725,5 de dollars). La croissance du transport à Madagascar était inférieure à celle de la France (5,4%), du Japon (4,7%), des États-Unis (3,6%), du Royaume-Uni (3,0%) et de l'Allemagne (1,8%).

Les années 1990

Le secteur du transport à Madagascar était de 353,0 millions de dollars par an dans les années 1990, se classant au 112ème rang mondial à égalité avec la Polynésie française (353,8 millions de dollars), le Honduras (351,7 millions de dollars), Malte (360,0 millions de dollars). La part dans le monde était de 0,015% et de 0,79% en Afrique.

La part du transport dans l'économie de Madagascar était de 9,7% dans les années 1990, au 62ème rang mondial, à égalité avec la Polynésie française (9,7%), l'Afrique du Sud (9,7%), la Tchéquie (9,7%).

Le transport par habitant à Madagascar était de 26.4 dollars dans les années 1990, se situant au 177ème rang mondial. Le transport par habitant à Madagascar était 15,5 fois inférieur le transport par habitant au Monde (409,5 US$), et 2,4 fois inférieur le transport par habitant en Afrique (63,1 US$).

La croissance du transport à Madagascar était de 2.4% dans les années 1990, se classant au 142ème rang mondial. La croissance du transport à Madagascar (2,4%) a été inférieure à celle du monde (4,0%), et inférieure à celle de l'Afrique (3,3%).

Comparaison avec les voisins. Le transport de Madagascar était supérieur à celui des Seychelles (57,7 millions de dollars) et des Comores (31,1 millions de dollars); mais inférieur à celui du Mozambique (511,7 millions de dollars) et de Maurice (360,5 millions de dollars). Le transport par habitant à Madagascar était inférieur à celui des Seychelles (763,7 de dollars), de Maurice (322,3 de dollars), des Comores (66,2 de dollars) et du Mozambique (33,8 de dollars). La croissance du transport à Madagascar était inférieure à celle des Seychelles (33,2%), du Mozambique (8,8%), de Maurice (7,2%) et des Comores (4,5%).

Comparaison avec les leaders. Le transport de Madagascar était inférieur à celui des États-Unis (702,6 milliards de dollars), du Japon (373,9 milliards de dollars), de l'Allemagne (144,3 milliards de dollars), de la France (118,7 milliards de dollars) et du Royaume-Uni (117,6 milliards de dollars). Le transport par habitant à Madagascar était inférieur à celui du Japon (2 965,8 de dollars), des États-Unis (2 656,9 de dollars), du Royaume-Uni (2 031,3 de dollars), de la France (1 999,2 de dollars) et de l'Allemagne (1 789,0 de dollars). La croissance du transport à Madagascar était inférieure à celle des États-Unis (5,0%), de la France (4,8%), du Royaume-Uni (4,7%), de l'Allemagne (3,9%) et du Japon (3,0%).

Les années 2000

Le secteur du transport à Madagascar était de 606,1 millions de dollars par an dans les années 2000, se situant au 119ème rang mondial à égalité avec l'Albanie (591,8 millions de dollars). La part dans le monde était de 0,015% et de 0,67% en Afrique.

La part du transport dans l'économie de Madagascar était de 9,5% dans les années 2000, au 92ème rang mondial, à égalité avec la Russie (9,5%), le Chili (9,6%), le Salvador (9,6%).

Le transport par habitant à Madagascar était de 33.5 dollars dans les années 2000, au 188ème rang mondial, à égalité avec le Lesotho (33,5 de dollars). Le transport par habitant à Madagascar était 18,6 fois inférieur le transport par habitant au Monde (621,1 US$), et 3,0 fois inférieur le transport par habitant en Afrique (99,3 US$).

La croissance du transport à Madagascar était de 2.5% dans les années 2000, se classant au 157ème rang mondial, à égalité avec Sainte-Lucie (2,5%), les Salomon (2,5%), le Canada (2,5%). La croissance du transport à Madagascar (2,5%) a été inférieure à celle du monde (3,9%), et inférieure à celle de l'Afrique (7,8%).

Comparaison avec les voisins. La valeur ajoutée du transport à Madagascar était supérieure à celle des Seychelles (111,5 millions de dollars) et des Comores (39,6 millions de dollars); mais inférieure à celle du Mozambique (1,0 milliards de dollars) et de Maurice

(702,8 millions de dollars). Le transport par habitant à Madagascar était inférieur à celui des Seychelles (1 281,4 de dollars), de Maurice (577,4 de dollars), des Comores (65,4 de dollars) et du Mozambique (49,8 de dollars). La croissance du transport à Madagascar était supérieure à celle des Seychelles (1,7%) et des Comores (-1,1%); mais inférieure à celle de Maurice (8,9%) et du Mozambique (7,3%).

Comparaison avec les leaders. La valeur ajoutée du transport à Madagascar était inférieure à celle des États-Unis (1,2 billions de dollars), du Japon (468,5 milliards de dollars), de l'Allemagne (228,2 milliards de dollars), du Royaume-Uni (215,9 milliards de dollars) et de la France (185,6 milliards de dollars). Le transport par habitant à Madagascar était inférieur à celui des États-Unis (4 029,0 de dollars), du Japon (3 655,1 de dollars), du Royaume-Uni (3 572,9 de dollars), de la France (2 955,1 de dollars) et de l'Allemagne (2 803,7 de dollars). La croissance du transport à Madagascar était supérieure à celle du Japon (1,5%); mais inférieure à celle de l'Allemagne (3,4%), du Royaume-Uni (3,1%), des États-Unis (3,1%) et de la France (2,7%).

Les années 2010

Le transport de Madagascar était de 1,0 milliards de dollars par an dans les années 2010, se situant au 124ème rang mondial. La part dans le monde était de 0,016% et de 0,50% en Afrique.

La part du transport dans l'économie de Madagascar était de 8,7% dans les années 2010, se situant au 111ème rang mondial, à égalité avec l'Égypte (8,8%), l'Afrique du Nord (8,7%), l'Amérique centrale (8,7%).

Le transport par habitant à Madagascar était de 42.6 dollars dans les années 2010, se situant au 196ème rang mondial. Le transport par habitant à Madagascar était 20,3 fois inférieur le transport par habitant au Monde (864,8 US$), et 4,1 fois inférieur le transport par habitant en Afrique (173,7 US$).

La croissance du transport à Madagascar était de 3.8% dans les années 2010, au 120ème rang mondial, à égalité avec le Vanuatu (3,8%), l'Eswatini (3,9%), les Tonga (3,9%). La croissance du transport à Madagascar (3,8%) a été inférieure à celle du monde (4,0%), et supérieure à celle de l'Afrique (3,8%).

Comparaison avec les voisins. La valeur ajoutée du transport à Madagascar était 5,2 fois supérieure à celle des Seychelles (195,8 millions de dollars) et 13,1 fois supérieure à celle des Comores (78,1 millions de dollars); mais 31,0% inférieure à celle du Mozambique (1,5 milliards de dollars) et 11,9% inférieure à celle de Maurice (1,2 milliards de dollars). Le transport par habitant à Madagascar était 48,6 fois inférieur à celui des Seychelles (2 070,9 de dollars), 21,6 fois inférieur à celui de Maurice (921,3 de dollars), 2,4 fois inférieur à celui des Comores (101,5 de dollars) et 23,0% inférieur à celui du Mozambique (55,3 de dollars). La croissance du transport à Madagascar était inférieure à celle des Comores (7,5%), des Seychelles (6,5%), du Mozambique (5,4%) et de Maurice (5,2%).

Comparaison avec les leaders. La valeur du transport à Madagascar était 1 750,4 fois inférieure à celle des États-Unis (1,8 billions de dollars), 518,6 fois inférieure à celle du Japon (529,8 milliards de dollars), 454,4 fois inférieure à celle de la Chine (464,2 milliards de dollars), 293,6 fois inférieure à celle de l'Allemagne (300,0 milliards de dollars) et 252,3 fois inférieure à celle du Royaume-Uni (257,7 milliards de dollars). Le transport par habitant à Madagascar était 131,4 fois inférieur à celui des États-Unis (5 597,8 de dollars), 97,2 fois inférieur à celui du Japon (4 141,7 de dollars), 92,2 fois inférieur à celui du Royaume-Uni (3 929,2 de dollars), 86,0 fois inférieur à celui de l'Allemagne (3 665,2 de dollars) et 7,8 fois inférieur à celui de la Chine (331,0 de dollars). La croissance du transport à Madagascar était supérieure à celle du Royaume-Uni (2,8%), de l'Allemagne (2,7%) et du Japon (0,81%); mais inférieure à celle de la Chine (7,5%) et des États-Unis (5,1%).

Chapitre VIII. Commerce

Commerce de gros et de détail; restaurants et hôtels (ISIC G-H)

La valeur ajoutée du commerce à Madagascar est passé de 341,2 millions de dollars par an dans les années 1970 à 1,9 milliards de dollars par an dans les années 2010, c'est-à-dire 1,5 milliards de dollars ou de 5,5 fois. La variation a été de 1,3 milliards de dollars en raison de l'augmentation de 3,3 fois des prix, et de -535,7 millions de dollars en raison de la baisse de productivité de 2,0 fois, et de 752,8 millions de dollars en raison de la croissance démographique. La croissance annuelle moyenne du commerce était de 1,1%. La valeur minimale était de 225,3 millions de dollars en 1970. La valeur maximale était de 2,1 milliards de dollars en 2017.

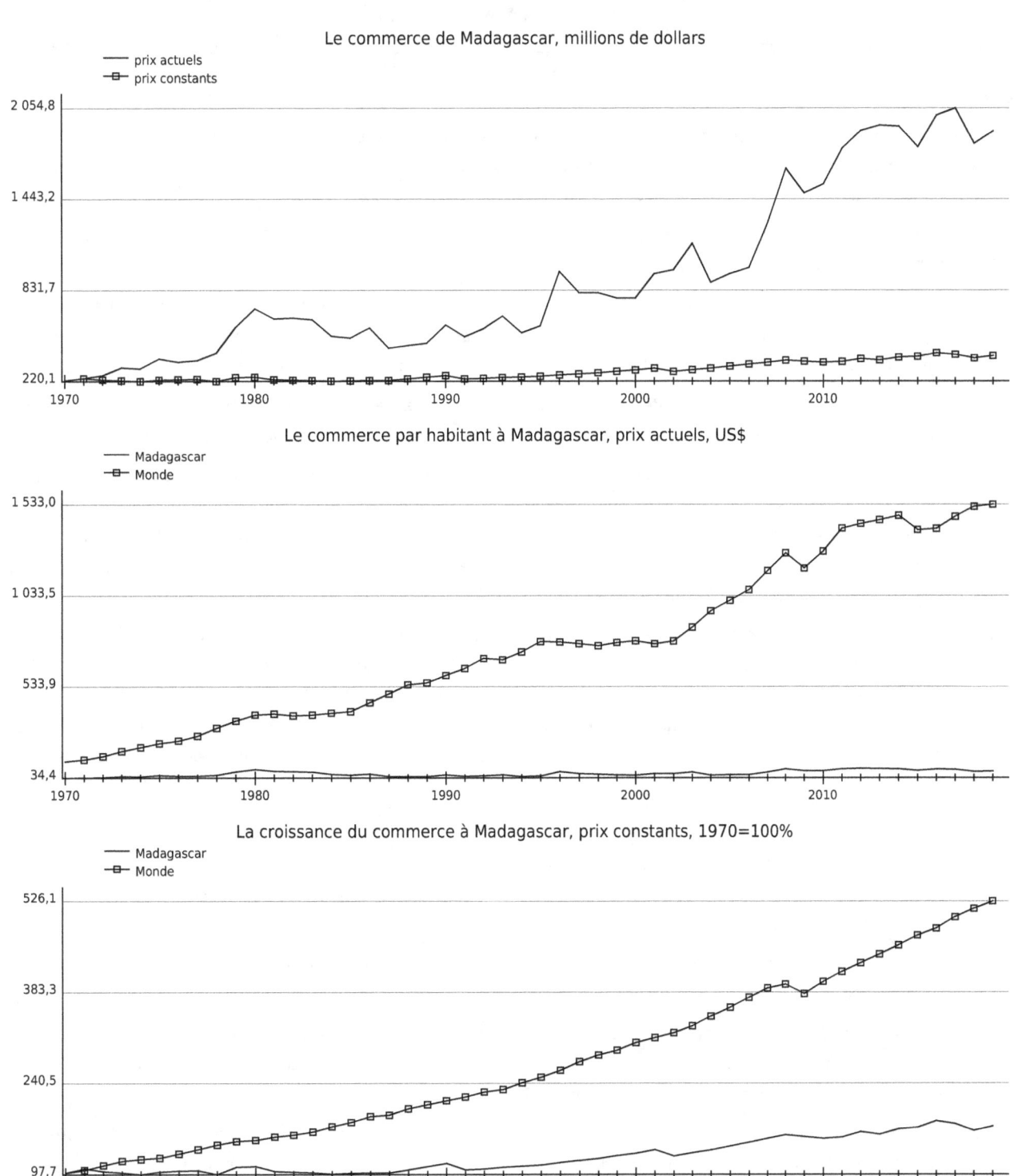

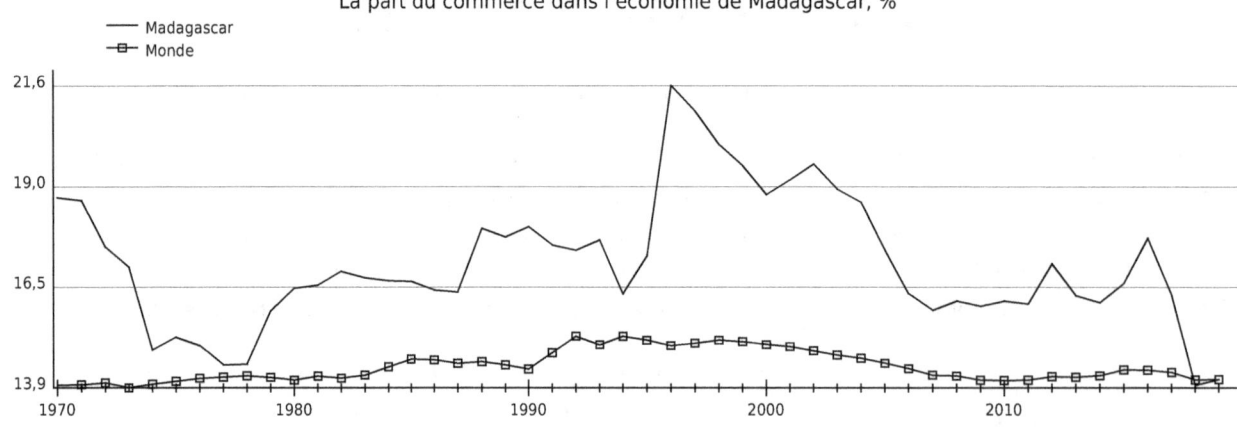

La part du commerce dans l'économie de Madagascar, %

Les années 1970

La valeur ajoutée du commerce à Madagascar était de 341,2 millions de dollars par an dans les années 1970, au 89ème rang mondial à égalité avec l'Ouganda (340,8 millions de dollars), le Nicaragua (340,8 millions de dollars), l'Éthiopie (342,6 millions de dollars). La part dans le monde était de 0,038% et de 1,1% en Afrique.

La part du commerce dans l'économie de Madagascar était de 15,8% dans les années 1970, au 81ème rang mondial, à égalité avec Porto Rico (15,8%), les Samoa (15,8%), l'Europe du Sud (15,9%).

Le commerce par habitant à Madagascar était de 45.6 dollars dans les années 1970, au 143ème rang mondial, à égalité avec la Mongolie (45,1 de dollars), Saint-Vincent-et-les-Grenadines (45,1 de dollars). Le commerce par habitant à Madagascar était 4,8 fois inférieur le commerce par habitant au Monde (221,0 US$), et 38,2% inférieur le commerce par habitant en Afrique (73,8 US$).

La croissance du commerce à Madagascar était de 1% dans les années 1970, se classant au 167ème rang mondial. La croissance du commerce à Madagascar (0,97%) a été inférieure à celle du monde (4,5%), et inférieure à celle de l'Afrique (4,6%).

Comparaison avec les voisins. La valeur ajoutée du commerce à Madagascar était supérieure à celle de Maurice (57,8 millions de dollars), des Comores (21,0 millions de dollars) et des Seychelles (18,3 millions de dollars); mais inférieure à celle du Mozambique (480,3 millions de dollars). Le commerce par habitant à Madagascar était inférieur à celui des Seychelles (311,4 de dollars), des Comores (81,4 de dollars), de Maurice (65,1 de dollars) et du Mozambique (47,5 de dollars). La croissance du commerce à Madagascar était inférieure à celle des Seychelles (9,6%), de Maurice (8,2%), des Comores (4,5%) et du Mozambique (3,9%).

Comparaison avec les leaders. Le commerce de Madagascar était inférieur à celui des États-Unis (278,3 milliards de dollars), du Japon (90,3 milliards de dollars), de l'URSS (62,3 milliards de dollars), de l'Allemagne (61,1 milliards de dollars) et de la France (40,9 milliards de dollars). Le commerce par habitant à Madagascar était inférieur à celui des États-Unis (1 275,1 de dollars), du Japon (811,1 de dollars), de l'Allemagne (775,5 de dollars), de la France (762,4 de dollars) et de l'URSS (247,1 de dollars). La croissance du commerce à Madagascar était inférieure à celle du Japon (8,2%), de l'URSS (5,2%), de la France (3,9%), des États-Unis (3,9%) et de l'Allemagne (3,0%).

Les années 1980

La valeur ajoutée du commerce à Madagascar était de 562,5 millions de dollars par an dans les années 1980, se classant au 97ème rang mondial à égalité avec Monaco (567,2 millions de dollars), le Kenya (573,1 millions de dollars). La part dans le monde était de 0,027% et de 0,85% en Afrique.

La part du commerce dans l'économie de Madagascar était de 16,8% dans les années 1980, se classant au 66ème rang mondial, à égalité avec le Cambodge (16,7%).

Le commerce par habitant à Madagascar était de 56.5 dollars dans les années 1980, se situant au 154ème rang mondial, à égalité avec les Kiribati (57,1 de dollars). Le commerce par habitant à Madagascar était 7,7 fois inférieur le commerce par habitant au Monde (437,7 US$), et 2,2 fois inférieur le commerce par habitant en Afrique (121,8 US$).

La croissance du commerce à Madagascar était de 0.1% dans les années 1980, se situant au 159ème rang mondial. La croissance du commerce à Madagascar (0,069%) a été inférieure à celle du monde (3,3%), et inférieure à celle de l'Afrique (2,7%).

Chapitre VIII. Commerce

Comparaison avec les voisins. La valeur ajoutée du commerce à Madagascar était supérieure à celle de Maurice (182,9 millions de dollars), des Seychelles (68,1 millions de dollars) et des Comores (61,4 millions de dollars); mais inférieure à celle du Mozambique (682,3 millions de dollars). Le commerce par habitant à Madagascar était supérieur à celui du Mozambique (54,7 de dollars); mais inférieur à celui des Seychelles (988,1 de dollars), de Maurice (181,2 de dollars) et des Comores (174,5 de dollars). La croissance du commerce à Madagascar était supérieure à celle du Mozambique (-1,3%); mais inférieure à celle de Maurice (5,7%), des Comores (3,4%) et des Seychelles (2,8%).

Comparaison avec les leaders. Le commerce de Madagascar était inférieur à celui des États-Unis (653,3 milliards de dollars), du Japon (277,3 milliards de dollars), de l'Allemagne (116,7 milliards de dollars), de l'URSS (112,3 milliards de dollars) et de l'Italie (95,7 milliards de dollars). Le commerce par habitant à Madagascar était inférieur à celui des États-Unis (2 728,2 de dollars), du Japon (2 286,5 de dollars), de l'Italie (1 684,2 de dollars), de l'Allemagne (1 496,0 de dollars) et de l'URSS (408,1 de dollars). La croissance du commerce à Madagascar était supérieure à celle de l'URSS (-0,62%); mais inférieure à celle du Japon (4,9%), des États-Unis (4,4%), de l'Italie (2,3%) et de l'Allemagne (1,8%).

Les années 1990

La valeur ajoutée du commerce à Madagascar était de 684,8 millions de dollars par an dans les années 1990, se situant au 112ème rang mondial à égalité avec le Tchad (683,5 millions de dollars), Malte (681,7 millions de dollars), la Lettonie (688,2 millions de dollars). La part dans le monde était de 0,017% et de 0,80% en Afrique.

La part du commerce dans l'économie de Madagascar était de 18,8% dans les années 1990, se situant au 54ème rang mondial, à égalité avec la Russie (18,8%), la Grenade (18,8%), le Népal (18,7%).

Le commerce par habitant à Madagascar était de 51.3 dollars dans les années 1990, se situant au 174ème rang mondial, à égalité avec la République centrafricaine (52,2 de dollars), l'Asie du Sud (52,2 de dollars). Le commerce par habitant à Madagascar était 14,1 fois inférieur le commerce par habitant au Monde (721,8 US$), et 2,3 fois inférieur le commerce par habitant en Afrique (120,3 US$).

La croissance du commerce à Madagascar était de 1.5% dans les années 1990, se situant au 143ème rang mondial, à égalité avec le Paraguay (1,4%). La croissance du commerce à Madagascar (1,5%) a été inférieure à celle du monde (3,5%), et inférieure à celle de l'Afrique (2,8%).

Comparaison avec les voisins. Le secteur du commerce à Madagascar était supérieur à celui du Mozambique (622,8 millions de dollars), de Maurice (558,9 millions de dollars), des Seychelles (101,5 millions de dollars) et des Comores (94,6 millions de dollars). Le commerce par habitant à Madagascar était supérieur à celui du Mozambique (41,1 de dollars); mais inférieur à celui des Seychelles (1 343,1 de dollars), de Maurice (499,7 de dollars) et des Comores (201,5 de dollars). La croissance du commerce à Madagascar était supérieure à celle des Seychelles (-7,6%); mais inférieure à celle de Maurice (6,0%), du Mozambique (4,7%) et des Comores (3,9%).

Comparaison avec les leaders. Le secteur du commerce à Madagascar était inférieur à celui des États-Unis (1,2 billions de dollars), du Japon (713,2 milliards de dollars), de l'Allemagne (243,7 milliards de dollars), de l'Italie (185,6 milliards de dollars) et de la France (177,0 milliards de dollars). Le commerce par habitant à Madagascar était inférieur à celui du Japon (5 656,5 de dollars), des États-Unis (4 395,6 de dollars), de l'Italie (3 255,0 de dollars), de l'Allemagne (3 021,8 de dollars) et de la France (2 980,3 de dollars). La croissance du commerce à Madagascar était inférieure à celle des États-Unis (4,3%), du Japon (3,8%), de l'Allemagne (2,5%), de la France (2,4%) et de l'Italie (1,9%).

Les années 2000

Le secteur du commerce à Madagascar était de 1,1 milliards de dollars par an dans les années 2000, au 118ème rang mondial à égalité avec Maurice (1,1 milliards de dollars), la Guinée (1,1 milliards de dollars), la Géorgie (1,1 milliards de dollars). La part dans le monde était de 0,017% et de 0,74% en Afrique.

La part du commerce dans l'économie de Madagascar était de 17,3% dans les années 2000, au 67ème rang mondial, à égalité avec les Caraïbes (17,3%), l'Asie du Sud-Est (17,4%), le Laos (17,2%).

Le commerce par habitant à Madagascar était de 61 dollars dans les années 2000, au 191ème rang mondial, à égalité avec l'Érythrée (62,6 de dollars). Le commerce par habitant à Madagascar était 16,2 fois inférieur le commerce par habitant au Monde (990,3 US$), et 2,7 fois inférieur le commerce par habitant en Afrique (164,0 US$).

La croissance du commerce à Madagascar était de 2.1% dans les années 2000, au 145ème rang mondial. La croissance du commerce à

Madagascar (2,1%) a été inférieure à celle du monde (2,7%), et inférieure à celle de l'Afrique (5,9%).

Comparaison avec les voisins. La valeur du commerce à Madagascar était supérieure à celle de Maurice (1,1 milliards de dollars), du Mozambique (981,4 millions de dollars), des Seychelles (160,4 millions de dollars) et des Comores (121,5 millions de dollars). Le commerce par habitant à Madagascar était supérieur à celui du Mozambique (48,5 de dollars); mais inférieur à celui des Seychelles (1 843,1 de dollars), de Maurice (890,4 de dollars) et des Comores (200,5 de dollars). La croissance du commerce à Madagascar était supérieure à celle des Comores (1,4%); mais inférieure à celle du Mozambique (8,5%), de Maurice (4,0%) et des Seychelles (2,4%).

Comparaison avec les leaders. Le commerce de Madagascar était inférieur à celui des États-Unis (1,9 billions de dollars), du Japon (771,8 milliards de dollars), de l'Allemagne (296,0 milliards de dollars), du Royaume-Uni (293,5 milliards de dollars) et de la Chine (262,0 milliards de dollars). Le commerce par habitant à Madagascar était inférieur à celui des États-Unis (6 383,1 de dollars), du Japon (6 021,3 de dollars), du Royaume-Uni (4 856,7 de dollars), de l'Allemagne (3 637,0 de dollars) et de la Chine (197,5 de dollars). La croissance du commerce à Madagascar était supérieure à celle de l'Allemagne (1,7%), du Royaume-Uni (1,3%), des États-Unis (1,1%) et du Japon (-0,77%); mais inférieure à celle de la Chine (11,9%).

Les années 2010

Le secteur du commerce à Madagascar était de 1,9 milliards de dollars par an dans les années 2010, au 126ème rang mondial à égalité avec l'Afghanistan (1,9 milliards de dollars). La part dans le monde était de 0,018% et de 0,55% en Afrique.

La part du commerce dans l'économie de Madagascar était de 16,0% dans les années 2010, se classant au 99ème rang mondial, à égalité avec la Bulgarie (16,0%), le Tadjikistan (16,0%), le Népal (16,1%).

Le commerce par habitant à Madagascar était de 77.9 dollars dans les années 2010, se classant au 198ème rang mondial. Le commerce par habitant à Madagascar était 18,5 fois inférieur le commerce par habitant au Monde (1 436,8 US$), et 3,7 fois inférieur le commerce par habitant en Afrique (291,7 US$).

La croissance du commerce à Madagascar était de 1% dans les années 2010, se situant au 174ème rang mondial, à égalité avec Micronésie (1,0%). La croissance du commerce à Madagascar (1,0%) a été inférieure à celle du monde (3,3%), et inférieure à celle de l'Afrique (3,4%).

Comparaison avec les voisins. Le secteur du commerce à Madagascar était 3,5% supérieur à celui du Mozambique (1,8 milliards de dollars), 7,1 fois supérieur à celui des Seychelles (263,9 millions de dollars) et 8,7 fois supérieur à celui des Comores (213,9 millions de dollars); mais 8,6% inférieur à celui de Maurice (2,0 milliards de dollars). Le commerce par habitant à Madagascar était 15,5% supérieur à celui du Mozambique (67,4 de dollars); mais 35,8 fois inférieur à celui des Seychelles (2 791,7 de dollars), 20,8 fois inférieur à celui de Maurice (1 622,3 de dollars) et 3,6 fois inférieur à celui des Comores (278,0 de dollars). La croissance du commerce à Madagascar était inférieure à celle des Seychelles (5,8%), du Mozambique (5,6%), des Comores (5,0%) et de Maurice (3,8%).

Comparaison avec les leaders. Le commerce de Madagascar était 1 400,8 fois inférieur à celui des États-Unis (2,6 billions de dollars), 639,7 fois inférieur à celui de la Chine (1,2 billions de dollars), 465,7 fois inférieur à celui du Japon (869,5 milliards de dollars), 199,6 fois inférieur à celui de l'Allemagne (372,6 milliards de dollars) et 176,7 fois inférieur à celui du Royaume-Uni (330,0 milliards de dollars). Le commerce par habitant à Madagascar était 105,1 fois inférieur à celui des États-Unis (8 186,4 de dollars), 87,3 fois inférieur à celui du Japon (6 797,1 de dollars), 64,6 fois inférieur à celui du Royaume-Uni (5 030,4 de dollars), 58,5 fois inférieur à celui de l'Allemagne (4 551,8 de dollars) et 10,9 fois inférieur à celui de la Chine (851,7 de dollars). La croissance du commerce à Madagascar était supérieure à celle du Japon (0,77%); mais inférieure à celle de la Chine (8,9%), du Royaume-Uni (2,8%), des États-Unis (2,3%) et de l'Allemagne (2,0%).

Chapitre IX. Services

(ISIC J-P)

Les services de Madagascar sont passés de 545,1 millions de dollars par an dans les années 1970 à 3,3 milliards de dollars par an dans les années 2010, c'est-à-dire 2,7 milliards de dollars ou de 6,0 fois. La variation a été de 2,3 milliards de dollars en raison de l'augmentation de 3,3 fois des prix, et de -774,6 millions de dollars en raison de la baisse de productivité de 1,8 fois, et de 1,2 milliards de dollars en raison de la croissance démographique. La croissance annuelle moyenne des services était de 1,5%. La valeur minimale était de 342,4 millions de dollars en 1970. La valeur maximale était de 4,0 milliards de dollars en 2019.

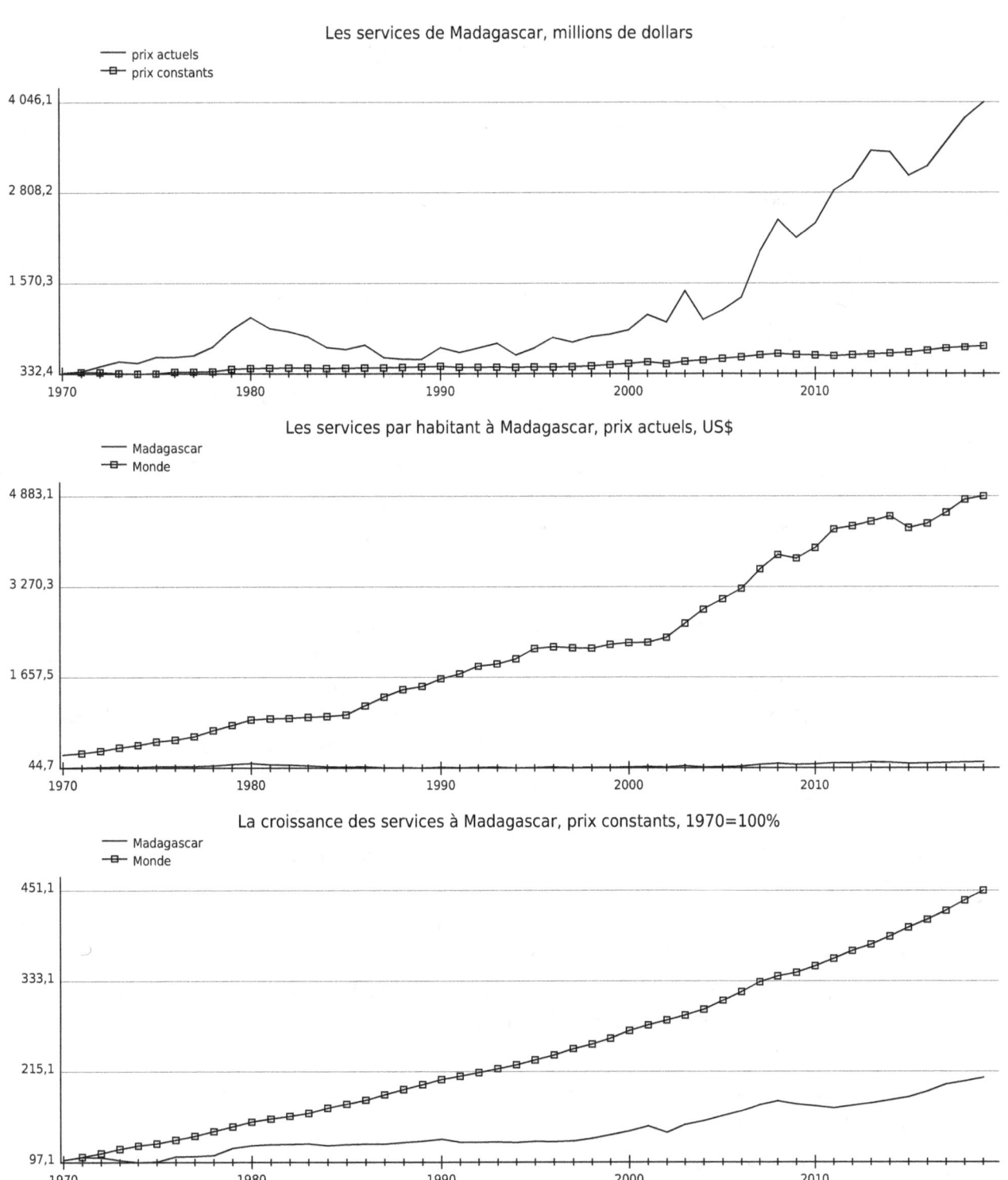

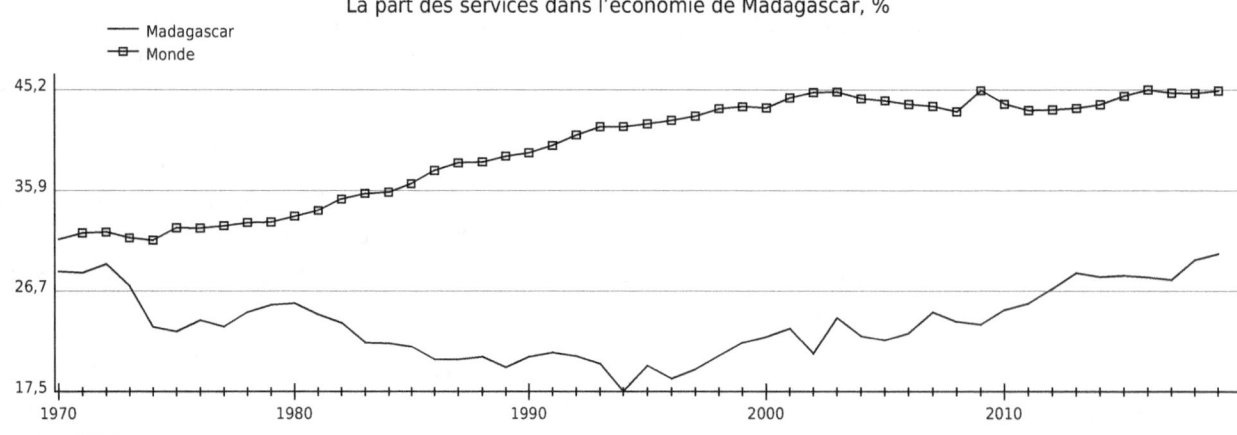

Les années 1970

Le secteur des services à Madagascar était de 545,1 millions de dollars par an dans les années 1970, au 93ème rang mondial à égalité avec l'Ouganda (551,0 millions de dollars). La part dans le monde était de 0,027% et de 0,85% en Afrique.

La part des services dans l'économie de Madagascar était de 25,3% dans les années 1970, se situant au 112ème rang mondial, à égalité avec Malte (25,3%), le Bhoutan (25,3%), l'Afrique du Nord (25,3%).

Les services par habitant à Madagascar étaient de 72.9 dollars dans les années 1970, au 148ème rang mondial. Les services par habitant à Madagascar étaient 7,0 fois inférieures les services par habitant au Monde (506,9 US$), et 2,1 fois inférieures les services par habitant en Afrique (156,0 US$).

La croissance des services à Madagascar était de 1.6% dans les années 1970, au 168ème rang mondial, à égalité avec le Bangladesh (1,6%). La croissance des services à Madagascar (1,6%) a été inférieure à celle du monde (4,1%), et inférieure à celle de l'Afrique (5,5%).

Comparaison avec les voisins. Le secteur des services à Madagascar était supérieur à celui de Maurice (150,2 millions de dollars), des Comores (31,2 millions de dollars) et des Seychelles (24,6 millions de dollars); mais inférieur à celui du Mozambique (613,1 millions de dollars). Les services par habitant à Madagascar étaient supérieures à celles du Mozambique (60,7 de dollars); mais inférieures à celles des Seychelles (418,3 de dollars), de Maurice (169,3 de dollars) et des Comores (120,9 de dollars). La croissance des services à Madagascar était inférieure à celle des Seychelles (9,0%), de Maurice (7,9%), des Comores (4,5%) et du Mozambique (3,9%).

Comparaison avec les leaders. La valeur ajoutée des services à Madagascar était inférieure à celle des États-Unis (674,4 milliards de dollars), de l'URSS (168,3 milliards de dollars), du Japon (153,8 milliards de dollars), de l'Allemagne (150,2 milliards de dollars) et de la France (121,8 milliards de dollars). Les services par habitant à Madagascar étaient inférieures à celles des États-Unis (3 090,2 de dollars), de la France (2 271,8 de dollars), de l'Allemagne (1 907,6 de dollars), du Japon (1 381,3 de dollars) et de l'URSS (667,3 de dollars). La croissance des services à Madagascar était supérieure à celle de l'URSS (0,90%); mais inférieure à celle du Japon (5,9%), de l'Allemagne (4,8%), de la France (3,9%) et des États-Unis (3,3%).

Les années 1980

La valeur ajoutée des services à Madagascar était de 749,1 millions de dollars par an dans les années 1980, se classant au 109ème rang mondial. La part dans le monde était de 0,014% et de 0,59% en Afrique.

La part des services dans l'économie de Madagascar était de 22,4% dans les années 1980, se classant au 139ème rang mondial, à égalité avec le Pakistan (22,3%), le Pérou (22,2%).

Les services par habitant à Madagascar étaient de 75.3 dollars dans les années 1980, au 158ème rang mondial, à égalité avec le Togo (75,9 de dollars), le Yémen (76,1 de dollars), d'Haïti (73,7 de dollars). Les services par habitant à Madagascar étaient 14,8 fois inférieures les services par habitant au Monde (1 115,5 US$), et 3,1 fois inférieures les services par habitant en Afrique (235,7 US$).

La croissance des services à Madagascar était de 0.8% dans les années 1980, se classant au 165ème rang mondial. La croissance des services à Madagascar (0,76%) a été inférieure à celle du monde (3,3%), et inférieure à celle de l'Afrique (3,9%).

Comparaison avec les voisins. La valeur ajoutée des services à Madagascar était supérieure à celle de Maurice (374,2 millions de

Chapitre IX. Services

dollars), des Comores (91,9 millions de dollars) et des Seychelles (86,7 millions de dollars); mais inférieure à celle du Mozambique (869,5 millions de dollars). Les services par habitant à Madagascar étaient supérieures à celles du Mozambique (69,7 de dollars); mais inférieures à celles des Seychelles (1 257,7 de dollars), de Maurice (370,8 de dollars) et des Comores (261,2 de dollars). La croissance des services à Madagascar était supérieure à celle des Seychelles (-0,53%) et du Mozambique (-1,3%); mais inférieure à celle des Comores (3,9%) et de Maurice (3,7%).

Comparaison avec les leaders. La valeur ajoutée des services à Madagascar était inférieure à celle des États-Unis (1,9 billions de dollars), du Japon (619,9 milliards de dollars), de l'Allemagne (362,2 milliards de dollars), de la France (294,5 milliards de dollars) et du Royaume-Uni (265,4 milliards de dollars). Les services par habitant à Madagascar étaient inférieures à celles des États-Unis (7 844,6 de dollars), de la France (5 211,0 de dollars), du Japon (5 111,4 de dollars), du Royaume-Uni (4 700,6 de dollars) et de l'Allemagne (4 642,6 de dollars). La croissance des services à Madagascar était inférieure à celle du Japon (4,8%), du Royaume-Uni (3,3%), de l'Allemagne (3,1%), des États-Unis (2,8%) et de la France (2,3%).

Les années 1990

La valeur ajoutée des services à Madagascar était de 730,7 millions de dollars par an dans les années 1990, se classant au 137ème rang mondial. La part dans le monde était de 0,0064% et de 0,47% en Afrique.

La part des services dans l'économie de Madagascar était de 20,1% dans les années 1990, au 172ème rang mondial, à égalité avec la Moldavie (20,0%), le Suriname (20,1%), le Burundi (20,2%).

Les services par habitant à Madagascar étaient de 54.7 dollars dans les années 1990, se classant au 195ème rang mondial. Les services par habitant à Madagascar étaient 36,8 fois inférieures les services par habitant au Monde (2 014,6 US$), et 4,0 fois inférieures les services par habitant en Afrique (217,8 US$).

La croissance des services à Madagascar était de 0.6% dans les années 1990, au 170ème rang mondial. La croissance des services à Madagascar (0,64%) a été inférieure à celle du monde (2,7%), et inférieure à celle de l'Afrique (2,6%).

Comparaison avec les voisins. La valeur des services à Madagascar était supérieure à celle du Mozambique (657,5 millions de dollars), des Seychelles (235,2 millions de dollars) et des Comores (137,6 millions de dollars); mais inférieure à celle de Maurice (976,4 millions de dollars). Les services par habitant à Madagascar étaient supérieures à celles du Mozambique (43,4 de dollars); mais inférieures à celles des Seychelles (3 111,9 de dollars), de Maurice (873,0 de dollars) et des Comores (293,2 de dollars). La croissance des services à Madagascar était inférieure à celle des Seychelles (13,9%), de Maurice (6,5%), du Mozambique (3,4%) et des Comores (2,1%).

Comparaison avec les leaders. La valeur ajoutée des services à Madagascar était inférieure à celle des États-Unis (3,8 billions de dollars), du Japon (1,6 billions de dollars), de l'Allemagne (908,0 milliards de dollars), de la France (628,2 milliards de dollars) et du Royaume-Uni (592,3 milliards de dollars). Les services par habitant à Madagascar étaient inférieures à celles des États-Unis (14 354,4 de dollars), du Japon (12 820,4 de dollars), de l'Allemagne (11 259,5 de dollars), de la France (10 578,2 de dollars) et du Royaume-Uni (10 233,8 de dollars). La croissance des services à Madagascar était inférieure à celle de l'Allemagne (3,2%), du Royaume-Uni (3,0%), des États-Unis (2,3%), du Japon (1,7%) et de la France (1,6%).

Les années 2000

La valeur des services à Madagascar était de 1,5 milliards de dollars par an dans les années 2000, au 138ème rang mondial à égalité avec la Barbade (1,5 milliards de dollars). La part dans le monde était de 0,0076% et de 0,52% en Afrique.

La part des services dans l'économie de Madagascar était de 23,3% dans les années 2000, se situant au 166ème rang mondial, à égalité avec l'Afrique de l'Ouest (23,3%), la Mongolie (23,3%), le Nigeria (23,2%).

Les services par habitant à Madagascar étaient de 82 dollars dans les années 2000, au 194ème rang mondial. Les services par habitant à Madagascar étaient 36,7 fois inférieures les services par habitant au Monde (3 011,2 US$), et 3,8 fois inférieures les services par habitant en Afrique (314,3 US$).

La croissance des services à Madagascar était de 2.7% dans les années 2000, se situant au 146ème rang mondial, à égalité avec le Royaume-Uni (2,7%), le Suriname (2,7%), l'Amérique centrale (2,7%). La croissance des services à Madagascar (2,7%) a été inférieure à celle du monde (2,9%), et inférieure à celle de l'Afrique (5,1%).

Comparaison avec les voisins. Les services de Madagascar étaient supérieures à celles des Seychelles (309,7 millions de dollars) et des Comores (206,6 millions de dollars); mais inférieures à celles de Maurice (2,2 milliards de dollars) et du Mozambique (1,9 milliards de dollars). Les services par habitant à Madagascar étaient inférieures à celles des Seychelles (3 559,0 de dollars), de Maurice (1 833,1 de dollars), des Comores (341,0 de dollars) et du Mozambique (95,8 de dollars). La croissance des services à Madagascar était supérieure à celle des Seychelles (2,2%) et des Comores (0,35%); mais inférieure à celle du Mozambique (7,9%) et de Maurice (7,0%).

Comparaison avec les leaders. Le secteur des services à Madagascar était inférieur à celui des États-Unis (6,7 billions de dollars), du Japon (2,0 billions de dollars), de l'Allemagne (1,2 billions de dollars), du Royaume-Uni (1,1 billions de dollars) et de la France (997,0 milliards de dollars). Les services par habitant à Madagascar étaient inférieures à celles des États-Unis (22 883,5 de dollars), du Royaume-Uni (18 012,4 de dollars), de la France (15 875,1 de dollars), du Japon (15 302,2 de dollars) et de l'Allemagne (14 979,9 de dollars). La croissance des services à Madagascar était supérieure à celle du Royaume-Uni (2,7%), des États-Unis (2,0%), de la France (1,5%), du Japon (1,2%) et de l'Allemagne (0,57%).

Les années 2010

Les services de Madagascar étaient de 3,3 milliards de dollars par an dans les années 2010, au 139ème rang mondial à égalité avec l'Arménie (3,3 milliards de dollars), le Laos (3,3 milliards de dollars), la Polynésie française (3,2 milliards de dollars). La part dans le monde était de 0,0099% et de 0,53% en Afrique.

La part des services dans l'économie de Madagascar était de 27,9% dans les années 2010, au 154ème rang mondial, à égalité avec l'Ouganda (28,0%), l'Afrique (28,0%), les Comores (28,0%).

Les services par habitant à Madagascar étaient de 135.8 dollars dans les années 2010, se classant au 196ème rang mondial. Les services par habitant à Madagascar étaient 32,9 fois inférieures les services par habitant au Monde (4 467,8 US$), et 3,9 fois inférieures les services par habitant en Afrique (528,2 US$).

La croissance des services à Madagascar était de 1.9% dans les années 2010, se situant au 138ème rang mondial, à égalité avec le Liechtenstein (1,8%), les Amériques (1,8%), la Lituanie (1,8%). La croissance des services à Madagascar (1,9%) a été inférieure à celle du monde (2,7%), et inférieure à celle de l'Afrique (3,4%).

Comparaison avec les voisins. La valeur des services à Madagascar était 6,9 fois supérieure à celle des Seychelles (469,2 millions de dollars) et 11,4 fois supérieure à celle des Comores (285,6 millions de dollars); mais 33,8% inférieure à celle de Maurice (4,9 milliards de dollars) et 4,8% inférieure à celle du Mozambique (3,4 milliards de dollars). Les services par habitant à Madagascar étaient 6,3% supérieures à celles du Mozambique (127,8 de dollars); mais 36,5 fois inférieures à celles des Seychelles (4 964,0 de dollars), 28,8 fois inférieures à celles de Maurice (3 907,4 de dollars) et 2,7 fois inférieures à celles des Comores (371,3 de dollars). La croissance des services à Madagascar était inférieure à celle du Mozambique (6,8%), de Maurice (4,8%), des Seychelles (4,7%) et des Comores (3,9%).

Comparaison avec les leaders. Les services de Madagascar étaient 3 056,8 fois inférieures à celles des États-Unis (10,0 billions de dollars), 1 089,1 fois inférieures à celles de la Chine (3,5 billions de dollars), 698,1 fois inférieures à celles du Japon (2,3 billions de dollars), 493,6 fois inférieures à celles de l'Allemagne (1,6 billions de dollars) et 416,2 fois inférieures à celles du Royaume-Uni (1,4 billions de dollars). Les services par habitant à Madagascar étaient 229,4 fois inférieures à celles des États-Unis (31 159,6 de dollars), 152,1 fois inférieures à celles du Royaume-Uni (20 663,8 de dollars), 144,6 fois inférieures à celles de l'Allemagne (19 637,7 de dollars), 130,8 fois inférieures à celles du Japon (17 771,8 de dollars) et 18,6 fois inférieures à celles de la Chine (2 529,2 de dollars). La croissance des services à Madagascar était supérieure à celle des États-Unis (1,8%), du Royaume-Uni (1,7%), de l'Allemagne (1,2%) et du Japon (0,99%); mais inférieure à celle de la Chine (8,4%).

Partie III. Relations extérieures

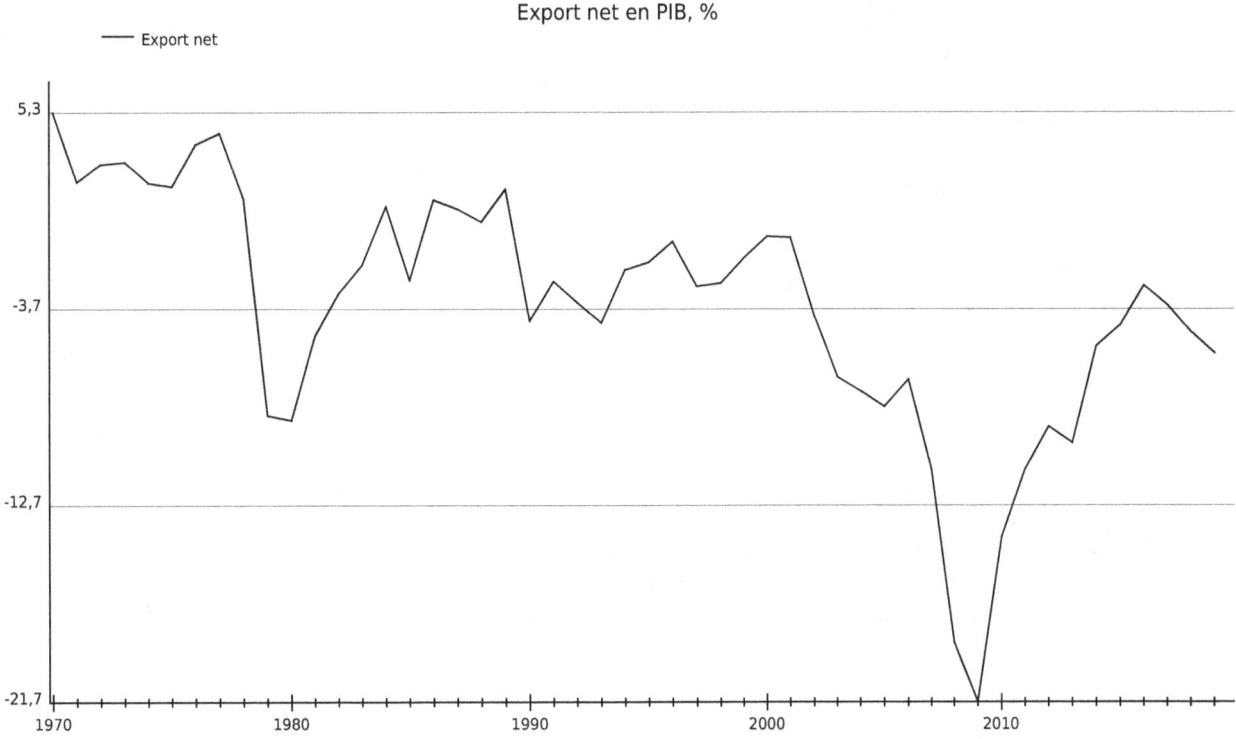

Chapitre X. Exportations

La valeur des exportations à Madagascar est passé de 369,3 millions de dollars par an dans les années 1970 à 3,3 milliards de dollars par an dans les années 2010, c'est-à-dire 2,9 milliards de dollars ou de 8,9 fois. La variation a été de 2,3 milliards de dollars en raison de l'augmentation de 3,4 fois des prix, et de -225,7 millions de dollars en raison de la baisse du taux par habitant de 1,2 fois, et de 814,7 millions de dollars en raison de la croissance démographique. La croissance annuelle moyenne des exportations était de 2,8%. La valeur minimale était de 242,4 millions de dollars en 1970. La valeur maximale était de 4,3 milliards de dollars en 2018.

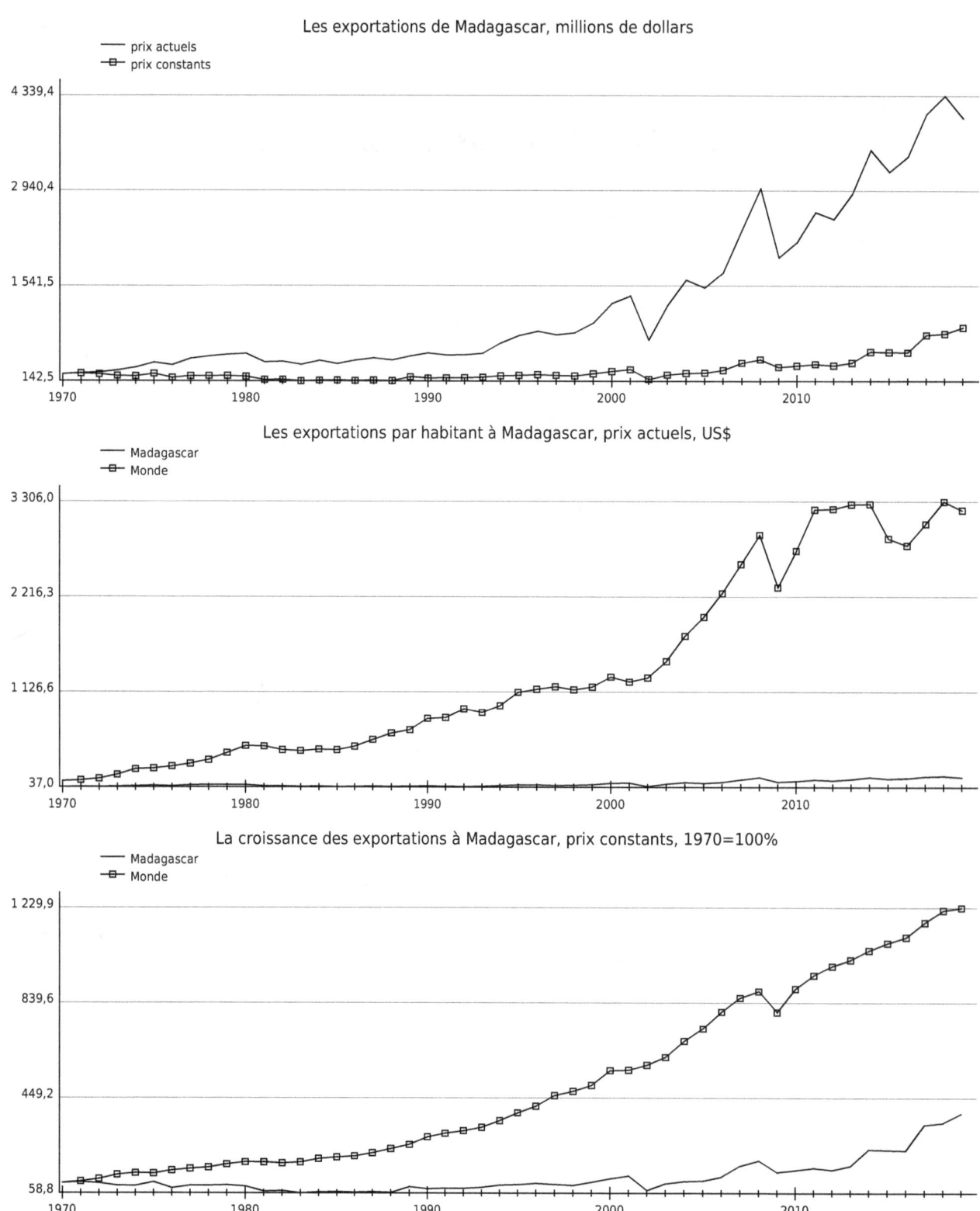

Chapitre X. Exportations

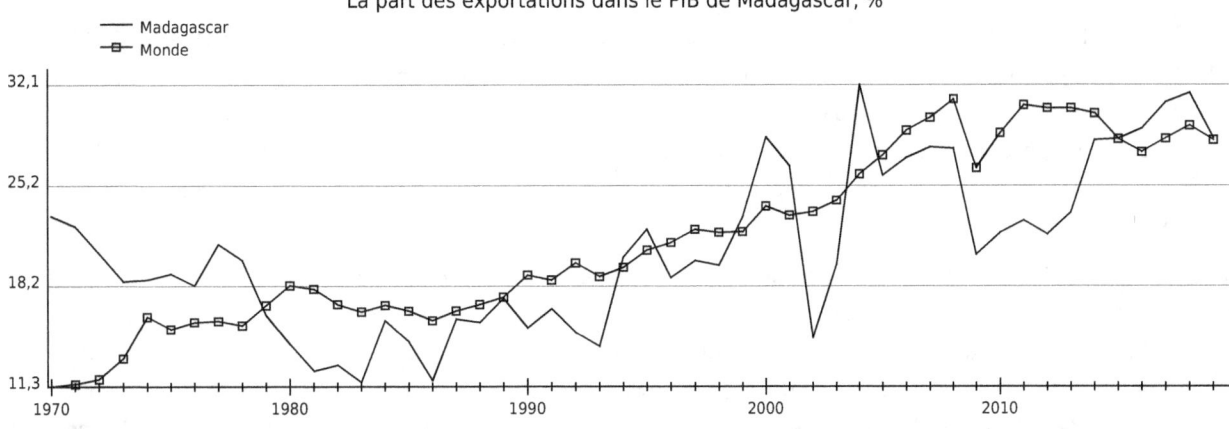
La part des exportations dans le PIB de Madagascar, %

Les années 1970

La valeur des exportations à Madagascar était de 369,3 millions de dollars par an dans les années 1970, au 106ème rang mondial à égalité avec le Bangladesh (365,2 millions de dollars), le Liberia (377,8 millions de dollars), l'Ouganda (378,3 millions de dollars). La part dans le monde était de 0,038% et de 0,66% en Afrique.

La part des exportations dans le PIB de Madagascar était de 19,3% dans les années 1970, au 123ème rang mondial, à égalité avec la France (19,3%), Monaco (19,3%), le Paraguay (19,4%).

Les exportations par habitant à Madagascar étaient de 49.4 dollars dans les années 1970, au 149ème rang mondial, à égalité avec l'Est (50,2 de dollars). Les exportations par habitant à Madagascar étaient 4,9 fois inférieures les exportations par habitant au Monde (242,1 US$), et 2,8 fois inférieures les exportations par habitant en Afrique (137,0 US$).

La croissance des exportations à Madagascar était de -1.1% dans les années 1970, se classant au 166ème rang mondial, à égalité avec la Polynésie française (-1,1%). La croissance des exportations à Madagascar (-1,1%) a été inférieure à celle du monde (6,5%), et inférieure à celle de l'Afrique (5,7%).

Comparaison avec les voisins. La valeur des exportations à Madagascar était supérieure à celle de Maurice (303,9 millions de dollars), du Mozambique (167,7 millions de dollars), des Seychelles (48,7 millions de dollars) et des Comores (14,1 millions de dollars). Les exportations par habitant à Madagascar étaient supérieures à celles du Mozambique (16,6 de dollars); mais inférieures à celles des Seychelles (828,3 de dollars), de Maurice (342,4 de dollars) et des Comores (54,5 de dollars). La croissance des exportations à Madagascar était inférieure à celle des Seychelles (9,3%), de Maurice (8,1%), des Comores (5,8%) et du Mozambique (3,8%).

Comparaison avec les leaders. Les exportations de Madagascar étaient inférieures à celles des États-Unis (128,0 milliards de dollars), de l'Allemagne (82,9 milliards de dollars), de la France (64,3 milliards de dollars), du Japon (64,1 milliards de dollars) et du Royaume-Uni (61,3 milliards de dollars). Les exportations par habitant à Madagascar étaient inférieures à celles de la France (1 199,1 de dollars), du Royaume-Uni (1 094,1 de dollars), de l'Allemagne (1 052,2 de dollars), des États-Unis (586,5 de dollars) et du Japon (575,8 de dollars). La croissance des exportations à Madagascar était inférieure à celle du Japon (8,6%), de la France (7,8%), des États-Unis (6,8%), de l'Allemagne (5,1%) et du Royaume-Uni (5,0%).

Les années 1980

La valeur des exportations à Madagascar était de 449,2 millions de dollars par an dans les années 1980, se classant au 117ème rang mondial à égalité avec la Guinée (443,4 millions de dollars), la Mauritanie (455,2 millions de dollars), le Salvador (440,6 millions de dollars). La part dans le monde était de 0,018% et de 0,41% en Afrique.

La part des exportations dans le PIB de Madagascar était de 14,0% dans les années 1980, au 148ème rang mondial, à égalité avec le Malawi (14,0%).

Les exportations par habitant à Madagascar étaient de 45.2 dollars dans les années 1980, se classant au 158ème rang mondial, à égalité avec le Ghana (46,1 de dollars), la Corée du Nord (44,1 de dollars). Les exportations par habitant à Madagascar étaient 11,7 fois inférieures les exportations par habitant au Monde (529,9 US$), et 4,5 fois inférieures les exportations par habitant en Afrique (201,4 US$).

La croissance des exportations à Madagascar était de -0.8% dans les années 1980, au 156ème rang mondial. La croissance des exportations à Madagascar (-0,80%) a été inférieure à celle du monde (3,8%), et supérieure à celle de l'Afrique (-0,87%).

Comparaison avec les voisins. La valeur des exportations à Madagascar était supérieure à celle du Mozambique (194,5 millions de dollars), des Seychelles (110,6 millions de dollars) et des Comores (57,8 millions de dollars); mais inférieure à celle de Maurice (823,3 millions de dollars). Les exportations par habitant à Madagascar étaient supérieures à celles du Mozambique (15,6 de dollars); mais inférieures à celles des Seychelles (1 603,9 de dollars), de Maurice (815,8 de dollars) et des Comores (164,3 de dollars). La croissance des exportations à Madagascar était inférieure à celle de Maurice (8,1%), des Comores (3,4%), des Seychelles (3,0%) et du Mozambique (0,18%).

Comparaison avec les leaders. La valeur des exportations à Madagascar était inférieure à celle des États-Unis (338,6 milliards de dollars), du Japon (210,6 milliards de dollars), de l'Allemagne (208,1 milliards de dollars), de la France (155,9 milliards de dollars) et du Royaume-Uni (155,0 milliards de dollars). Les exportations par habitant à Madagascar étaient inférieures à celles de la France (2 757,6 de dollars), du Royaume-Uni (2 744,8 de dollars), de l'Allemagne (2 667,0 de dollars), du Japon (1 736,5 de dollars) et des États-Unis (1 413,8 de dollars). La croissance des exportations à Madagascar était inférieure à celle du Japon (6,7%), des États-Unis (5,7%), de l'Allemagne (4,7%), de la France (4,0%) et du Royaume-Uni (3,0%).

Les années 1990

Les exportations de Madagascar étaient de 719,9 millions de dollars par an dans les années 1990, se situant au 135ème rang mondial à égalité avec le Nicaragua (717,7 millions de dollars). La part dans le monde était de 0,012% et de 0,50% en Afrique.

La part des exportations dans le PIB de Madagascar était de 18,6% dans les années 1990, se situant au 160ème rang mondial, à égalité avec la Chine (18,5%), l'Iran (18,5%).

Les exportations par habitant à Madagascar étaient de 53.9 dollars dans les années 1990, se situant au 185ème rang mondial, à égalité avec le Liberia (53,2 de dollars), le Mali (53,1 dollars). Les exportations par habitant à Madagascar étaient 19,1 fois inférieures les exportations par habitant au Monde (1 029,5 US$), et 3,7 fois inférieures les exportations par habitant en Afrique (202,1 US$).

La croissance des exportations à Madagascar était de 2.2% dans les années 1990, se situant au 152ème rang mondial, à égalité avec Saint-Marin (2,2%), l'Islande (2,2%), Macao (2,2%). La croissance des exportations à Madagascar (2,2%) a été inférieure à celle du monde (6,9%), et inférieure à celle de l'Afrique (2,5%).

Comparaison avec les voisins. Les exportations de Madagascar étaient supérieures à celles des Seychelles (373,1 millions de dollars), du Mozambique (361,1 millions de dollars) et des Comores (84,6 millions de dollars); mais inférieures à celles de Maurice (2,3 milliards de dollars). Les exportations par habitant à Madagascar étaient supérieures à celles du Mozambique (23,9 de dollars); mais inférieures à celles des Seychelles (4 936,4 de dollars), de Maurice (2 058,9 de dollars) et des Comores (180,2 de dollars). La croissance des exportations à Madagascar était supérieure à celle des Comores (-0,53%); mais inférieure à celle du Mozambique (13,7%), de Maurice (5,6%) et des Seychelles (5,0%).

Comparaison avec les leaders. La valeur des exportations à Madagascar était inférieure à celle des États-Unis (773,6 milliards de dollars), de l'Allemagne (509,0 milliards de dollars), du Japon (418,7 milliards de dollars), de la France (329,8 milliards de dollars) et du Royaume-Uni (324,3 milliards de dollars). Les exportations par habitant à Madagascar étaient inférieures à celles de l'Allemagne (6 311,2 de dollars), du Royaume-Uni (5 602,2 de dollars), de la France (5 553,9 de dollars), du Japon (3 320,8 de dollars) et des États-Unis (2 925,3 de dollars). La croissance des exportations à Madagascar était inférieure à celle des États-Unis (7,2%), de la France (6,5%), de l'Allemagne (6,0%), du Royaume-Uni (5,7%) et du Japon (4,2%).

Les années 2000

La valeur des exportations à Madagascar était de 1,7 milliards de dollars par an dans les années 2000, se situant au 137ème rang mondial à égalité avec l'Eswatini (1,7 milliards de dollars), Curaçao (1,6 milliards de dollars). La part dans le monde était de 0,013% et de 0,47% en Afrique.

La structure des exportations: produits primaires (34,1%), articles manufacturés provenant de ressources naturelles (14,4%), articles manufacturés à faible technologie (43,8%), articles manufacturés de technologie moyenne (2,1%), articles manufacturés à haute technologie (1,3%).

Madagascar a exporté des marchandises vers la France (36,3%), les États-Unis (24,5%), l'Allemagne (6,1%), le Royaume-Uni (3,3%),

Chapitre X. Exportations

l'Italie (3,3%) et d'autres pays (26,4%).

La part des exportations dans le PIB de Madagascar était de 25,0% dans les années 2000, se situant au 157ème rang mondial, à égalité avec l'Italie (25,1%).

Les exportations par habitant à Madagascar étaient de 93 dollars dans les années 2000, au 189ème rang mondial, à égalité avec le Liberia (93,8 de dollars). Les exportations par habitant à Madagascar étaient 20,8 fois inférieures les exportations par habitant au Monde (1 933,7 US$), et 4,3 fois inférieures les exportations par habitant en Afrique (398,4 US$).

La croissance des exportations à Madagascar était de 3.3% dans les années 2000, se classant au 132ème rang mondial, à égalité avec les États-Unis (3,3%), l'Europe du Nord (3,3%), Micronésie (3,3%). La croissance des exportations à Madagascar (3,3%) a été inférieure à celle du monde (4,8%), et inférieure à celle de l'Afrique (5,3%).

Comparaison avec les voisins. La valeur des exportations à Madagascar était supérieure à celle des Seychelles (744,3 millions de dollars) et des Comores (66,2 millions de dollars); mais inférieure à celle de Maurice (3,8 milliards de dollars) et du Mozambique (2,0 milliards de dollars). Les exportations par habitant à Madagascar étaient inférieures à celles des Seychelles (8 553,2 de dollars), de Maurice (3 111,1 de dollars), des Comores (109,2 de dollars) et du Mozambique (101,0 de dollars). La croissance des exportations à Madagascar était supérieure à celle de Maurice (2,2%) et des Comores (-7,3%); mais inférieure à celle du Mozambique (21,2%) et des Seychelles (8,8%).

Comparaison avec les leaders. Les exportations de Madagascar étaient inférieures à celles des États-Unis (1,3 billions de dollars), de l'Allemagne (1,0 billions de dollars), de la Chine (780,2 milliards de dollars), du Japon (626,3 milliards de dollars) et du Royaume-Uni (591,1 milliards de dollars). Les exportations par habitant à Madagascar étaient inférieures à celles de l'Allemagne (12 836,9 de dollars), du Royaume-Uni (9 780,7 de dollars), du Japon (4 886,4 de dollars), des États-Unis (4 488,4 de dollars) et de la Chine (588,1 de dollars). La croissance des exportations à Madagascar était supérieure à celle des États-Unis (3,3%) et du Royaume-Uni (2,8%); mais inférieure à celle de la Chine (12,7%), de l'Allemagne (5,0%) et du Japon (3,5%).

Les années 2010

La valeur des exportations à Madagascar était de 3,3 milliards de dollars par an dans les années 2010, se situant au 140ème rang mondial à égalité avec le Mali (3,4 milliards de dollars). La part dans le monde était de 0,014% et de 0,53% en Afrique.

La structure des exportations: produits primaires (46,3%), articles manufacturés provenant de ressources naturelles (19,7%), articles manufacturés à faible technologie (25,4%), articles manufacturés de technologie moyenne (2,7%).

Madagascar a exporté des marchandises vers la France (21,2%), les États-Unis (12,1%), la Chine (6,3%), l'Allemagne (5,6%), les Émirats arabes unis (4,3%) et d'autres pays (50,4%).

La part des exportations dans le PIB de Madagascar était de 26,9% dans les années 2010, se situant au 146ème rang mondial, à égalité avec l'Afrique du Nord (26,8%), l'Est (26,8%), l'Afrique (27,0%).

Les exportations par habitant à Madagascar étaient de 137 dollars dans les années 2010, au 196ème rang mondial, à égalité avec le Soudan (137,3 de dollars), d'Haïti (137,4 de dollars), le Pakistan (135,6 de dollars). Les exportations par habitant à Madagascar étaient 22,6 fois inférieures les exportations par habitant au Monde (3 098,9 US$), et 3,9 fois inférieures les exportations par habitant en Afrique (534,3 US$).

La croissance des exportations à Madagascar était de 10.4% dans les années 2010, au 20ème rang mondial. La croissance des exportations à Madagascar (10,4%) a été supérieure à celle du monde (4,4%), et supérieure à celle de l'Afrique (-1,2%).

Comparaison avec les voisins. Les exportations de Madagascar étaient 2,9 fois supérieures à celles des Seychelles (1,2 milliards de dollars) et 29,0 fois supérieures à celles des Comores (113,2 millions de dollars); mais 43,3% inférieures à celles de Maurice (5,8 milliards de dollars) et 33,4% inférieures à celles du Mozambique (4,9 milliards de dollars). Les exportations par habitant à Madagascar étaient 89,0 fois inférieures à celles des Seychelles (12 187,9 de dollars), 33,6 fois inférieures à celles de Maurice (4 602,8 de dollars), 25,6% inférieures à celles du Mozambique (184,1 de dollars) et 6,9% inférieures à celles des Comores (147,1 de dollars). La croissance des exportations à Madagascar était supérieure à celle des Comores (8,1%), du Mozambique (7,1%), de Maurice (2,2%) et des Seychelles (1,1%).

Comparaison avec les leaders. La valeur des exportations à Madagascar était 698,2 fois inférieure à celle de la Chine (2,3 billions de dollars), 691,0 fois inférieure à celle des États-Unis (2,3 billions de dollars), 512,5 fois inférieure à celle de l'Allemagne (1,7 billions de dollars), 261,7 fois inférieure à celle du Japon (859,4 milliards de dollars) et 248,2 fois inférieure à celle du Royaume-Uni (815,1 milliards de dollars). Les exportations par habitant à Madagascar étaient 150,1 fois inférieures à celles de l'Allemagne (20 563,4 de dollars), 90,7 fois inférieures à celles du Royaume-Uni (12 425,4 de dollars), 51,9 fois inférieures à celles des États-Unis (7 104,2 de dollars), 49,0 fois inférieures à celles du Japon (6 718,2 de dollars) et 11,9 fois inférieures à celles de la Chine (1 635,3 de dollars). La croissance des exportations à Madagascar était supérieure à celle de la Chine (6,8%), de l'Allemagne (4,7%), du Japon (4,6%), des États-Unis (3,7%) et du Royaume-Uni (3,1%).

Chapitre XI. Importations

Les importations de Madagascar sont passés de 352,4 millions de dollars par an dans les années 1970 à 4,1 milliards de dollars par an dans les années 2010, c'est-à-dire 3,8 milliards de dollars ou de 11,7 fois. La variation a été de 3,3 milliards de dollars en raison de l'augmentation de 5,3 fois des prix, et de -347,7 millions de dollars en raison de la baisse du taux par habitant de 1,4 fois, et de 777,3 millions de dollars en raison de la croissance démographique. La croissance annuelle moyenne des importations était de 2,1%. La valeur minimale était de 187,0 millions de dollars en 1970. La valeur maximale était de 5,0 milliards de dollars en 2008.

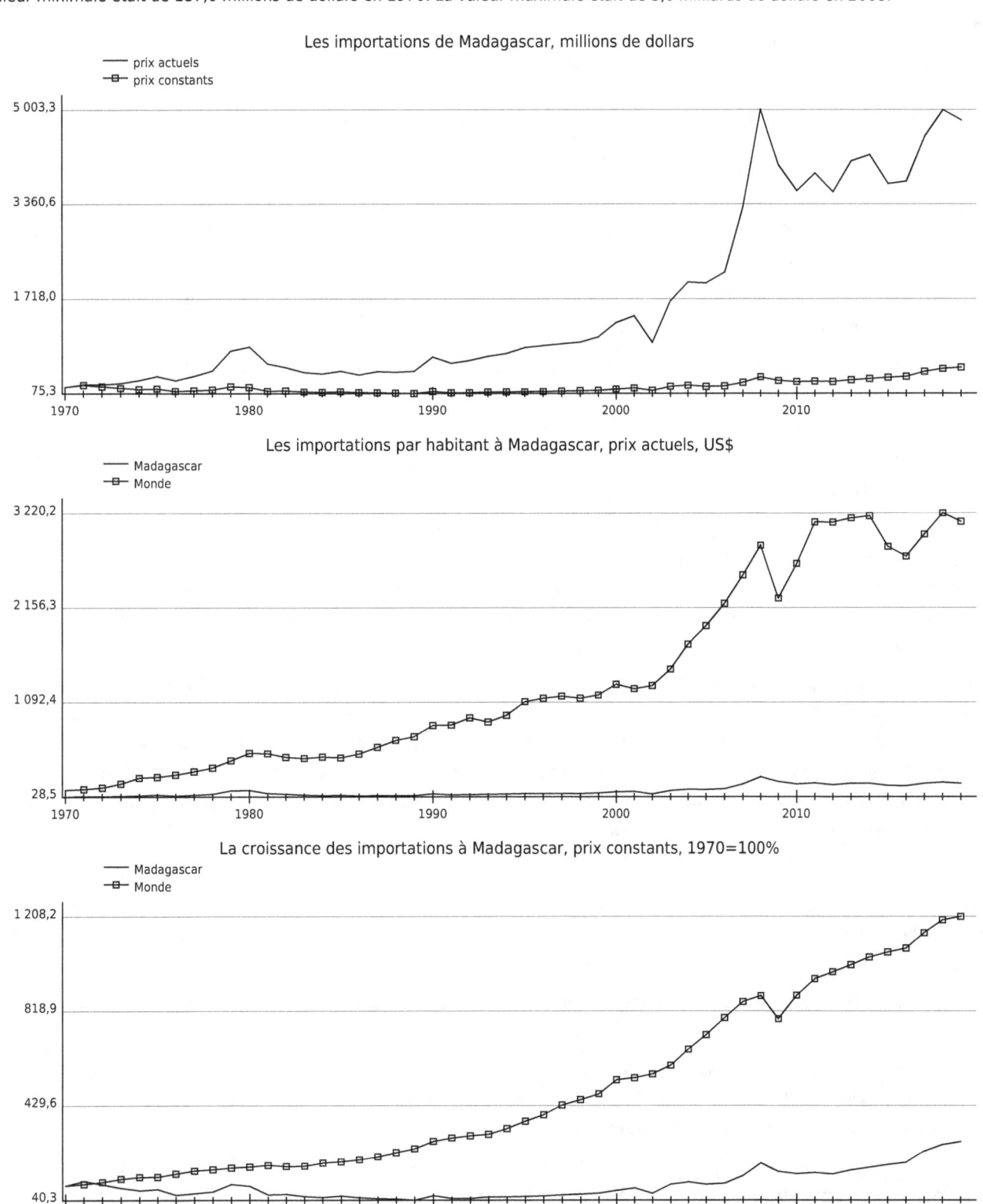

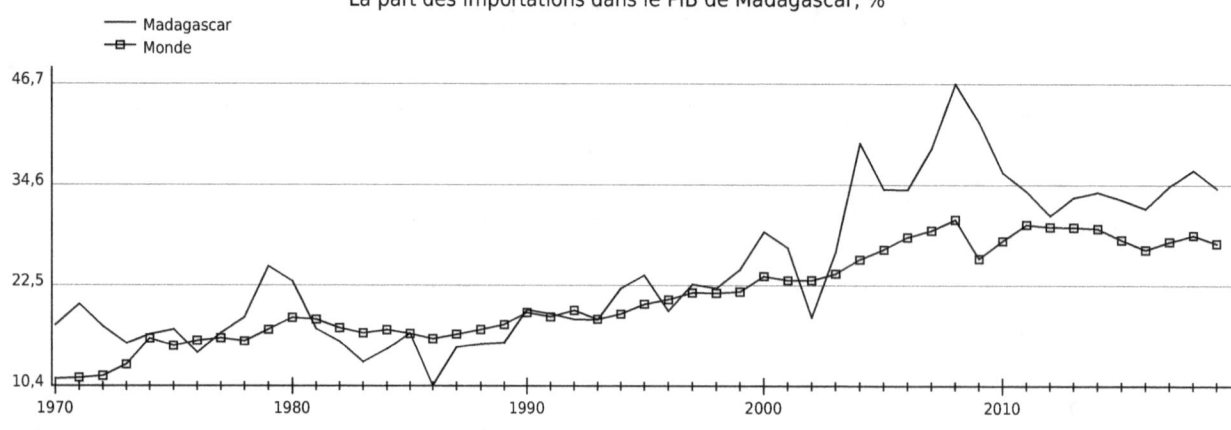

La part des importations dans le PIB de Madagascar, %

Les années 1970

Les importations de Madagascar étaient de 352,4 millions de dollars par an dans les années 1970, se situant au 112ème rang mondial à égalité avec la Birmanie (353,3 millions de dollars), le Liberia (354,8 millions de dollars), la Polynésie (361,3 millions de dollars). La part dans le monde était de 0,036% et de 0,60% en Afrique.

La part des importations dans le PIB de Madagascar était de 18,4% dans les années 1970, se situant au 153ème rang mondial, à égalité avec le Mozambique (18,2%), le Nicaragua (18,5%), l'Europe (18,2%).

Les importations par habitant à Madagascar étaient de 47.1 dollars dans les années 1970, se situant au 162ème rang mondial. Les importations par habitant à Madagascar étaient 5,2 fois inférieures les importations par habitant au Monde (244,3 US$), et 3,0 fois inférieures les importations par habitant en Afrique (142,6 US$).

La croissance des importations à Madagascar était de 0.5% dans les années 1970, se situant au 166ème rang mondial. La croissance des importations à Madagascar (0,51%) a été inférieure à celle du monde (6,3%), et inférieure à celle de l'Afrique (6,7%).

Comparaison avec les voisins. La valeur des importations à Madagascar était supérieure à celle de Maurice (339,4 millions de dollars), des Seychelles (53,2 millions de dollars) et des Comores (51,4 millions de dollars); mais inférieure à celle du Mozambique (1,0 milliards de dollars). Les importations par habitant à Madagascar étaient inférieures à celles des Seychelles (904,5 de dollars), de Maurice (382,5 de dollars), des Comores (199,3 de dollars) et du Mozambique (101,8 de dollars). La croissance des importations à Madagascar était inférieure à celle de Maurice (9,3%), des Seychelles (9,3%), des Comores (4,5%) et du Mozambique (3,8%).

Comparaison avec les leaders. La valeur des importations à Madagascar était inférieure à celle des États-Unis (133,2 milliards de dollars), de l'Allemagne (92,5 milliards de dollars), de la France (63,3 milliards de dollars), du Royaume-Uni (62,4 milliards de dollars) et du Japon (61,0 milliards de dollars). Les importations par habitant à Madagascar étaient inférieures à celles de la France (1 181,1 de dollars), de l'Allemagne (1 175,1 de dollars), du Royaume-Uni (1 113,2 de dollars), des États-Unis (610,4 de dollars) et du Japon (547,6 de dollars). La croissance des importations à Madagascar était inférieure à celle de la France (7,2%), du Japon (7,0%), de l'Allemagne (5,6%), des États-Unis (5,1%) et du Royaume-Uni (4,5%).

Les années 1980

Les importations de Madagascar étaient de 506,2 millions de dollars par an dans les années 1980, au 130ème rang mondial à égalité avec la Gambie (505,6 millions de dollars), la Birmanie (509,0 millions de dollars). La part dans le monde était de 0,019% et de 0,45% en Afrique.

La part des importations dans le PIB de Madagascar était de 15,8% dans les années 1980, au 163ème rang mondial, à égalité avec le Laos (15,8%).

Les importations par habitant à Madagascar étaient de 50.9 dollars dans les années 1980, se classant au 167ème rang mondial. Les importations par habitant à Madagascar étaient 10,6 fois inférieures les importations par habitant au Monde (539,1 US$), et 4,1 fois inférieures les importations par habitant en Afrique (208,0 US$).

La croissance des importations à Madagascar était de -9.1% dans les années 1980, se classant au 181ème rang mondial. La croissance des importations à Madagascar (-9,1%) a été inférieure à celle du monde (3,8%), et inférieure à celle de l'Afrique (-3,1%).

Chapitre XI. Importations

Comparaison avec les voisins. Les importations de Madagascar étaient supérieures à celles des Seychelles (149,9 millions de dollars) et des Comores (141,2 millions de dollars); mais inférieures à celles du Mozambique (1,2 milliards de dollars) et de Maurice (864,7 millions de dollars). Les importations par habitant à Madagascar étaient inférieures à celles des Seychelles (2 174,2 de dollars), de Maurice (856,8 de dollars), des Comores (401,1 de dollars) et du Mozambique (96,7 de dollars). La croissance des importations à Madagascar était inférieure à celle de Maurice (6,7%), des Comores (5,5%), des Seychelles (2,0%) et du Mozambique (0,13%).

Comparaison avec les leaders. La valeur des importations à Madagascar était inférieure à celle des États-Unis (417,2 milliards de dollars), de l'Allemagne (225,6 milliards de dollars), du Japon (175,9 milliards de dollars), de la France (162,0 milliards de dollars) et du Royaume-Uni (157,7 milliards de dollars). Les importations par habitant à Madagascar étaient inférieures à celles de l'Allemagne (2 891,9 de dollars), de la France (2 867,2 de dollars), du Royaume-Uni (2 793,0 de dollars), des États-Unis (1 742,4 de dollars) et du Japon (1 450,4 de dollars). La croissance des importations à Madagascar était inférieure à celle des États-Unis (5,8%), du Royaume-Uni (5,1%), du Japon (4,6%), de la France (4,3%) et de l'Allemagne (3,3%).

Les années 1990

La valeur des importations à Madagascar était de 815,4 millions de dollars par an dans les années 1990, au 153ème rang mondial à égalité avec le Burkina Faso (812,8 millions de dollars), le Bénin (829,5 millions de dollars). La part dans le monde était de 0,014% et de 0,54% en Afrique.

La part des importations dans le PIB de Madagascar était de 21,1% dans les années 1990, au 180ème rang mondial, à égalité avec l'Océanie (21,0%), le Mexique (21,2%), la république démocratique du Congo (20,9%).

Les importations par habitant à Madagascar étaient de 61.1 dollars dans les années 1990, se classant au 195ème rang mondial. Les importations par habitant à Madagascar étaient 16,6 fois inférieures les importations par habitant au Monde (1 015,5 US$), et 3,5 fois inférieures les importations par habitant en Afrique (211,4 US$).

La croissance des importations à Madagascar était de 5.5% dans les années 1990, se situant au 83ème rang mondial, à égalité avec Maurice (5,5%), l'Europe de l'Ouest (5,5%). La croissance des importations à Madagascar (5,5%) a été inférieure à celle du monde (6,6%), et supérieure à celle de l'Afrique (3,8%).

Comparaison avec les voisins. La valeur des importations à Madagascar était supérieure à celle des Seychelles (429,5 millions de dollars) et des Comores (192,7 millions de dollars); mais inférieure à celle de Maurice (2,4 milliards de dollars) et du Mozambique (1,4 milliards de dollars). Les importations par habitant à Madagascar étaient inférieures à celles des Seychelles (5 682,8 de dollars), de Maurice (2 176,8 de dollars), des Comores (410,6 de dollars) et du Mozambique (95,1 de dollars). La croissance des importations à Madagascar était supérieure à celle du Mozambique (4,4%) et des Comores (-0,40%); mais inférieure à celle des Seychelles (6,2%) et de Maurice (5,5%).

Comparaison avec les leaders. Les importations de Madagascar étaient inférieures à celles des États-Unis (874,1 milliards de dollars), de l'Allemagne (501,6 milliards de dollars), du Japon (355,9 milliards de dollars), du Royaume-Uni (330,2 milliards de dollars) et de la France (308,5 milliards de dollars). Les importations par habitant à Madagascar étaient inférieures à celles de l'Allemagne (6 220,3 de dollars), du Royaume-Uni (5 705,3 de dollars), de la France (5 194,4 de dollars), des États-Unis (3 305,6 de dollars) et du Japon (2 822,9 de dollars). La croissance des importations à Madagascar était supérieure à celle de la France (5,1%), du Royaume-Uni (5,1%) et du Japon (3,3%); mais inférieure à celle des États-Unis (8,3%) et de l'Allemagne (6,4%).

Les années 2000

Les importations de Madagascar étaient de 2,4 milliards de dollars par an dans les années 2000, se classant au 138ème rang mondial à égalité avec l'Arménie (2,4 milliards de dollars). La part dans le monde était de 0,019% et de 0,71% en Afrique.

La structure des importations: produits primaires (8,5%), articles manufacturés provenant de ressources naturelles (26,1%), articles manufacturés à faible technologie (27,6%), articles manufacturés de technologie moyenne (25,9%), articles manufacturés à haute technologie (9,8%).

Madagascar a importé des marchandises en provenance Bahreïn (17,2%), la France (14,1%), la Chine (11,1%), Maurice (5,2%), l'Afrique du Sud (5,1%) et d'autres pays (47,3%).

La part des importations dans le PIB de Madagascar était de 35,4% dans les années 2000, se situant au 133ème rang mondial, à égalité avec la Finlande (35,5%), la Corée du Sud (35,7%).

Les importations par habitant à Madagascar étaient de 131.9 dollars dans les années 2000, se situant au 192ème rang mondial, à égalité avec le Pakistan (131,1 de dollars). Les importations par habitant à Madagascar étaient 14,4 fois inférieures les importations par habitant au Monde (1 899,9 US$), et 2,8 fois inférieures les importations par habitant en Afrique (369,3 US$).

La croissance des importations à Madagascar était de 8.7% dans les années 2000, se situant au 54ème rang mondial. La croissance des importations à Madagascar (8,7%) a été supérieure à celle du monde (5,1%), et supérieure à celle de l'Afrique (7,6%).

Comparaison avec les voisins. La valeur des importations à Madagascar était supérieure à celle des Seychelles (844,4 millions de dollars) et des Comores (171,5 millions de dollars); mais inférieure à celle de Maurice (4,1 milliards de dollars) et du Mozambique (3,2 milliards de dollars). Les importations par habitant à Madagascar étaient inférieures à celles des Seychelles (9 704,0 de dollars), de Maurice (3 400,8 de dollars), des Comores (283,0 de dollars) et du Mozambique (158,8 de dollars). La croissance des importations à Madagascar était supérieure à celle des Seychelles (5,9%), des Comores (3,4%) et de Maurice (1,2%); mais inférieure à celle du Mozambique (10,2%).

Comparaison avec les leaders. Les importations de Madagascar étaient inférieures à celles des États-Unis (1,9 billions de dollars), de l'Allemagne (914,7 milliards de dollars), du Royaume-Uni (641,8 milliards de dollars), de la Chine (641,1 milliards de dollars) et du Japon (566,4 milliards de dollars). Les importations par habitant à Madagascar étaient inférieures à celles de l'Allemagne (11 237,8 de dollars), du Royaume-Uni (10 620,4 de dollars), des États-Unis (6 400,9 de dollars), du Japon (4 418,9 de dollars) et de la Chine (483,3 de dollars). La croissance des importations à Madagascar était supérieure à celle de l'Allemagne (3,7%), du Royaume-Uni (3,1%), des États-Unis (2,8%) et du Japon (1,8%); mais inférieure à celle de la Chine (15,1%).

Les années 2010

La valeur des importations à Madagascar était de 4,1 milliards de dollars par an dans les années 2010, au 145ème rang mondial à égalité avec le Tadjikistan (4,0 milliards de dollars), la Nouvelle-Calédonie (4,2 milliards de dollars). La part dans le monde était de 0,019% et de 0,60% en Afrique.

La structure des importations: produits primaires (12,6%), articles manufacturés provenant de ressources naturelles (31,4%), articles manufacturés à faible technologie (21,8%), articles manufacturés de technologie moyenne (23,7%), articles manufacturés à haute technologie (8,8%).

Madagascar a importé des marchandises en provenance la Chine (21,6%), les Émirats arabes unis (12,0%), la France (11,0%), l'Arabie saoudite (5,1%), l'Inde (5,1%) et d'autres pays (45,2%).

La part des importations dans le PIB de Madagascar était de 33,7% dans les années 2010, au 142ème rang mondial, à égalité avec le Costa Rica (33,7%), le Paraguay (33,9%).

Les importations par habitant à Madagascar étaient de 172 dollars dans les années 2010, se classant au 203ème rang mondial. Les importations par habitant à Madagascar étaient 17,5 fois inférieures les importations par habitant au Monde (3 015,6 US$), et 3,4 fois inférieures les importations par habitant en Afrique (592,1 US$).

La croissance des importations à Madagascar était de 5.9% dans les années 2010, se situant au 54ème rang mondial. La croissance des importations à Madagascar (5,9%) a été supérieure à celle du monde (4,4%), et supérieure à celle de l'Afrique (2,0%).

Comparaison avec les voisins. Les importations de Madagascar étaient 3,1 fois supérieures à celles des Seychelles (1,3 milliards de dollars) et 13,3 fois supérieures à celles des Comores (311,1 millions de dollars); mais 2,5 fois inférieures à celles du Mozambique (10,1 milliards de dollars) et 43,4% inférieures à celles de Maurice (7,3 milliards de dollars). Les importations par habitant à Madagascar étaient 82,1 fois inférieures à celles des Seychelles (14 127,4 de dollars), 33,7 fois inférieures à celles de Maurice (5 788,8 de dollars), 2,4 fois inférieures à celles des Comores (404,4 de dollars) et 2,2 fois inférieures à celles du Mozambique (379,0 de dollars). La croissance des importations à Madagascar était supérieure à celle des Seychelles (4,9%), des Comores (4,3%) et de Maurice (3,5%); mais inférieure à celle du Mozambique (11,5%).

Comparaison avec les leaders. Les importations de Madagascar étaient 683,3 fois inférieures à celles des États-Unis (2,8 billions de dollars), 501,8 fois inférieures à celles de la Chine (2,1 billions de dollars), 352,8 fois inférieures à celles de l'Allemagne (1,5 billions de dollars), 212,9 fois inférieures à celles du Japon (877,9 milliards de dollars) et 207,3 fois inférieures à celles du Royaume-Uni (854,8 milliards de dollars). Les importations par habitant à Madagascar étaient 103,3 fois inférieures à celles de l'Allemagne (17 771,2 de dollars), 75,8 fois inférieures à celles du Royaume-Uni (13 030,6 de dollars), 51,3 fois inférieures à celles des États-Unis (8 817,8 de dollars), 39,9 fois inférieures à celles du Japon (6 862,7 de dollars) et 8,6 fois inférieures à celles de la Chine (1 475,4 de dollars). La croissance des importations à Madagascar était supérieure à celle de l'Allemagne (4,8%), des États-Unis (4,4%), du Japon (3,8%) et du Royaume-Uni (3,6%); mais inférieure à celle de la Chine (8,2%).

Partie IV. Consommation

Chapitre XII. Dépenses publiques

Dépenses de consommation des administrations publiques

Les dépense de consommation publique de Madagascar sont passés de 452,1 millions de dollars par an dans les années 1970 à 1,8 milliards de dollars par an dans les années 2010, c'est-à-dire 1,4 milliards de dollars ou de 4,0 fois. La variation a été de 1,2 milliards de dollars en raison de l'augmentation de 2,8 fois des prix, et de -799,6 millions de dollars en raison de la baisse du taux par habitant de 2,2 fois, et de 997,4 millions de dollars en raison de la croissance démographique. La croissance annuelle moyenne des dépenses publiques était de 0,26%. La valeur minimale était de 273,7 millions de dollars en 1970. La valeur maximale était de 2,1 milliards de dollars en 2019.

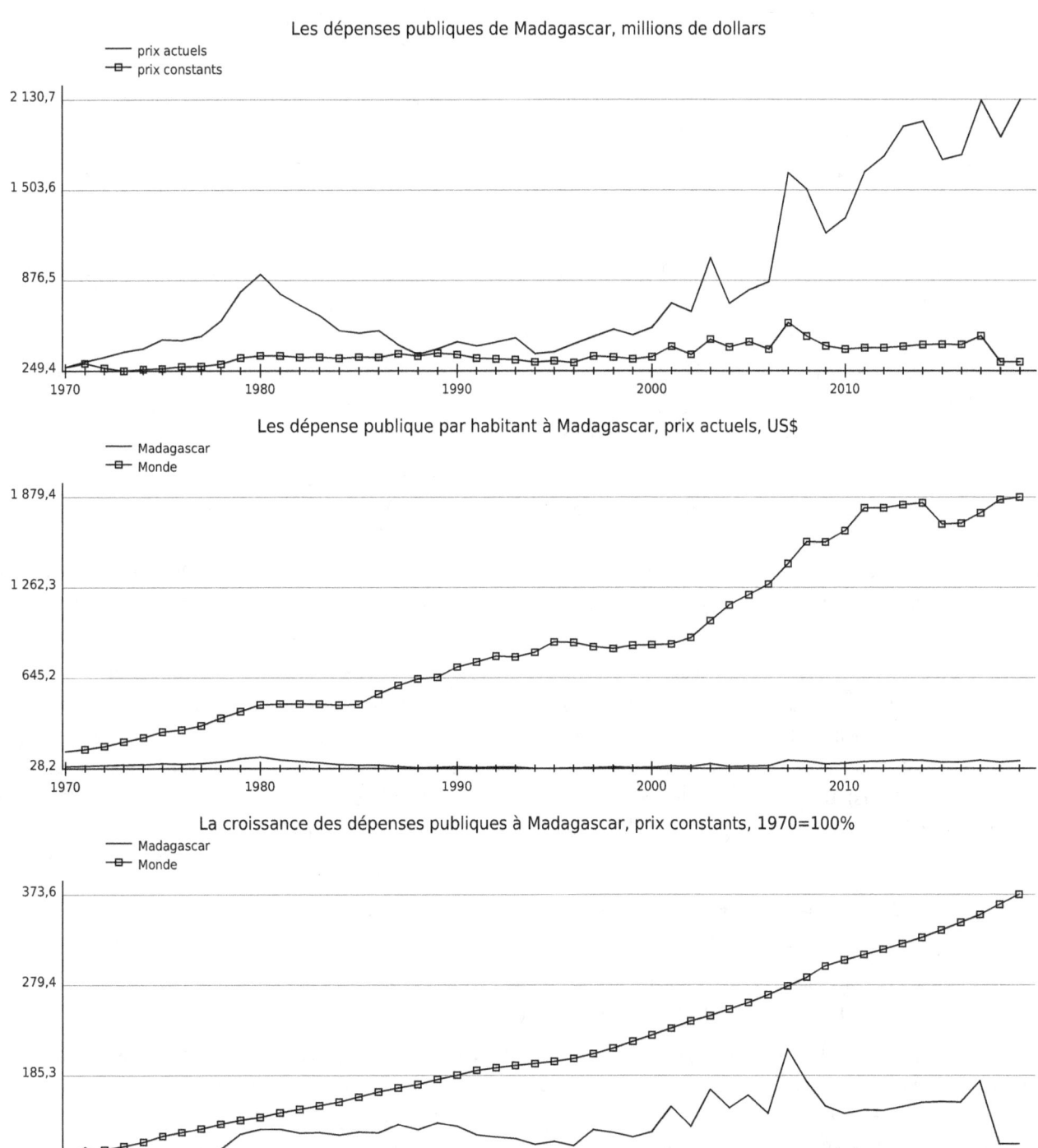

La part des dépenses publiques dans le PIB de Madagascar, %

Les années 1970

Les dépense publique de Madagascar étaient de 452,1 millions de dollars par an dans les années 1970, se classant au 79ème rang mondial. La part dans le monde était de 0,042% et de 1,4% en Afrique.

La part des dépenses publiques dans le PIB de Madagascar était de 23,6% dans les années 1970, se classant au 25ème rang mondial, à égalité avec l'Égypte (23,4%), le Danemark (23,8%).

Les dépense de consommation publique par habitant à Madagascar étaient de 60.5 dollars dans les années 1970, se classant au 134ème rang mondial, à égalité avec le Honduras (59,6 de dollars). Les dépense de consommation publique par habitant à Madagascar étaient 4,4 fois inférieures les dépenses publiques par habitant au Monde (265,2 US$), et 21,5% inférieures les dépenses publiques par habitant en Afrique (77,1 US$).

La croissance des dépenses publiques à Madagascar était de 2.4% dans les années 1970, au 156ème rang mondial, à égalité avec la Micronésie (2,4%), la République dominicaine (2,4%). La croissance des dépenses publiques à Madagascar (2,4%) a été inférieure à celle du monde (3,7%), et inférieure à celle de l'Afrique (4,9%).

Comparaison avec les voisins. Les dépense de consommation publique de Madagascar étaient supérieures à celles de Maurice (93,1 millions de dollars), des Comores (30,4 millions de dollars) et des Seychelles (23,5 millions de dollars); mais inférieures à celles du Mozambique (978,5 millions de dollars). Les dépenses publiques par habitant à Madagascar étaient inférieures à celles des Seychelles (399,7 de dollars), des Comores (117,9 de dollars), de Maurice (104,9 de dollars) et du Mozambique (96,9 de dollars). La croissance des dépenses publiques à Madagascar était inférieure à celle des Seychelles (9,3%), de Maurice (5,1%), des Comores (4,4%) et du Mozambique (4,2%).

Comparaison avec les leaders. Les dépense publique de Madagascar étaient inférieures à celles des États-Unis (285,9 milliards de dollars), de l'URSS (117,3 milliards de dollars), de l'Allemagne (95,6 milliards de dollars), du Japon (78,0 milliards de dollars) et de la France (64,5 milliards de dollars). Les dépense de consommation publique par habitant à Madagascar étaient inférieures à celles des États-Unis (1 310,2 de dollars), de l'Allemagne (1 213,7 de dollars), de la France (1 202,3 de dollars), du Japon (700,2 de dollars) et de l'URSS (465,0 de dollars). La croissance des dépenses publiques à Madagascar était supérieure à celle des États-Unis (0,94%); mais inférieure à celle de l'URSS (7,2%), du Japon (5,3%), de la France (5,0%) et de l'Allemagne (4,4%).

Les années 1980

Les dépense publique de Madagascar étaient de 579,8 millions de dollars par an dans les années 1980, au 97ème rang mondial. La part dans le monde était de 0,023% et de 0,83% en Afrique.

La part des dépenses publiques dans le PIB de Madagascar était de 18,1% dans les années 1980, se situant au 80ème rang mondial, à égalité avec le Niger (18,1%), les Fidji (18,1%), l'Australasie (18,1%).

Les dépense publique par habitant à Madagascar étaient de 58.3 dollars dans les années 1980, se situant au 155ème rang mondial, à égalité avec le Burkina Faso (58,3 de dollars), le Bénin (57,1 de dollars), l'Indonésie (57,0 de dollars). Les dépense publique par habitant à Madagascar étaient 9,0 fois inférieures les dépense de consommation publique par habitant au Monde (523,5 US$), et 2,2 fois inférieures les dépense publique par habitant en Afrique (128,3 US$).

La croissance des dépenses publiques à Madagascar était de 0.9% dans les années 1980, au 148ème rang mondial. La croissance des

Chapitre XII. Dépenses publiques

dépenses publiques à Madagascar (0,93%) a été inférieure à celle du monde (2,7%), et inférieure à celle de l'Afrique (1,8%).

Comparaison avec les voisins. Les dépense publique de Madagascar étaient supérieures à celles de Maurice (201,5 millions de dollars), des Seychelles (112,4 millions de dollars) et des Comores (85,2 millions de dollars); mais inférieures à celles du Mozambique (887,0 millions de dollars). Les dépense de consommation publique par habitant à Madagascar étaient inférieures à celles des Seychelles (1 629,7 de dollars), des Comores (242,1 de dollars), de Maurice (199,7 de dollars) et du Mozambique (71,1 de dollars). La croissance des dépenses publiques à Madagascar était supérieure à celle du Mozambique (-0,12%); mais inférieure à celle des Comores (4,2%), de Maurice (3,0%) et des Seychelles (2,8%).

Comparaison avec les leaders. Les dépense publique de Madagascar étaient inférieures à celles des États-Unis (665,3 milliards de dollars), du Japon (257,4 milliards de dollars), de l'Allemagne (203,7 milliards de dollars), de l'URSS (181,1 milliards de dollars) et de la France (159,8 milliards de dollars). Les dépense de consommation publique par habitant à Madagascar étaient inférieures à celles de la France (2 826,9 de dollars), des États-Unis (2 778,2 de dollars), de l'Allemagne (2 611,1 de dollars), du Japon (2 122,5 de dollars) et de l'URSS (658,0 de dollars). La croissance des dépenses publiques à Madagascar était inférieure à celle de l'URSS (5,4%), du Japon (3,5%), de la France (2,8%), des États-Unis (2,6%) et de l'Allemagne (0,98%).

Les années 1990

Les dépense publique de Madagascar étaient de 449,8 millions de dollars par an dans les années 1990, se situant au 136ème rang mondial à égalité avec la Guinée (460,0 millions de dollars). La part dans le monde était de 0,0096% et de 0,50% en Afrique.

La part des dépenses publiques dans le PIB de Madagascar était de 11,6% dans les années 1990, au 158ème rang mondial, à égalité avec la Colombie (11,6%), la Géorgie (11,7%), la république démocratique du Congo (11,7%).

Les dépenses publiques par habitant à Madagascar étaient de 33.7 dollars dans les années 1990, se classant au 190ème rang mondial, à égalité avec la république démocratique du Congo (33,1 de dollars). Les dépense de consommation publique par habitant à Madagascar étaient 24,5 fois inférieures les dépenses publiques par habitant au Monde (824,8 US$), et 3,7 fois inférieures les dépense publique par habitant en Afrique (126,1 US$).

La croissance des dépenses publiques à Madagascar était de -1.1% dans les années 1990, au 169ème rang mondial. La croissance des dépenses publiques à Madagascar (-1,1%) a été inférieure à celle du monde (2,0%), et inférieure à celle de l'Afrique (1,6%).

Comparaison avec les voisins. Les dépense publique de Madagascar étaient supérieures à celles des Seychelles (265,7 millions de dollars) et des Comores (99,0 millions de dollars); mais inférieures à celles du Mozambique (592,1 millions de dollars) et de Maurice (517,4 millions de dollars). Les dépense de consommation publique par habitant à Madagascar étaient inférieures à celles des Seychelles (3 515,4 de dollars), de Maurice (462,6 de dollars), des Comores (210,9 de dollars) et du Mozambique (39,1 de dollars). La croissance des dépenses publiques à Madagascar était supérieure à celle des Comores (-4,2%); mais inférieure à celle des Seychelles (5,4%), de Maurice (4,7%) et du Mozambique (2,8%).

Comparaison avec les leaders. Les dépense publique de Madagascar étaient inférieures à celles des États-Unis (1,1 billions de dollars), du Japon (651,8 milliards de dollars), de l'Allemagne (419,6 milliards de dollars), de la France (325,4 milliards de dollars) et du Royaume-Uni (234,6 milliards de dollars). Les dépenses publiques par habitant à Madagascar étaient inférieures à celles de la France (5 479,6 de dollars), de l'Allemagne (5 203,8 de dollars), du Japon (5 169,1 de dollars), des États-Unis (4 287,3 de dollars) et du Royaume-Uni (4 053,6 de dollars). La croissance des dépenses publiques à Madagascar était inférieure à celle du Japon (3,0%), de l'Allemagne (2,4%), du Royaume-Uni (2,1%), de la France (1,8%) et des États-Unis (1,3%).

Les années 2000

Les dépenses publiques de Madagascar étaient de 968,9 millions de dollars par an dans les années 2000, se classant au 124ème rang mondial à égalité avec les Bahamas (968,1 millions de dollars), Monaco (966,7 millions de dollars), la Géorgie (951,7 millions de dollars). La part dans le monde était de 0,012% et de 0,65% en Afrique.

La part des dépenses publiques dans le PIB de Madagascar était de 14,4% dans les années 2000, se classant au 118ème rang mondial, à égalité avec le Salvador (14,3%).

Les dépenses publiques par habitant à Madagascar étaient de 53.5 dollars dans les années 2000, se classant au 189ème rang mondial, à égalité avec le Rwanda (53,2 de dollars), la République centrafricaine (54,1 de dollars). Les dépense publique par habitant à Madagascar étaient 22,5 fois inférieures les dépense de consommation publique par habitant au Monde (1 200,9 US$), et 3,1 fois inférieures les dépense de consommation publique par habitant en Afrique (164,8 US$).

La croissance des dépenses publiques à Madagascar était de 2.4% dans les années 2000, se situant au 141ème rang mondial, à égalité avec les Amériques (2,4%). La croissance des dépenses publiques à Madagascar (2,4%) a été inférieure à celle du monde (3,1%), et inférieure à celle de l'Afrique (5,0%).

Comparaison avec les voisins. Les dépenses publiques de Madagascar étaient supérieures à celles de Maurice (942,1 millions de dollars), des Seychelles (334,8 millions de dollars) et des Comores (82,9 millions de dollars); mais inférieures à celles du Mozambique (1,4 milliards de dollars). Les dépense publique par habitant à Madagascar étaient inférieures à celles des Seychelles (3 847,1 de dollars), de Maurice (774,0 de dollars), des Comores (136,9 de dollars) et du Mozambique (68,0 de dollars). La croissance des dépenses publiques à Madagascar était supérieure à celle des Seychelles (-0,11%); mais inférieure à celle du Mozambique (10,7%), de Maurice (3,6%) et des Comores (2,6%).

Comparaison avec les leaders. Les dépense publique de Madagascar étaient inférieures à celles des États-Unis (1,9 billions de dollars), du Japon (844,2 milliards de dollars), de l'Allemagne (520,1 milliards de dollars), de la France (479,9 milliards de dollars) et du Royaume-Uni (453,4 milliards de dollars). Les dépenses publiques par habitant à Madagascar étaient inférieures à celles de la France (7 640,9 de dollars), du Royaume-Uni (7 501,5 de dollars), du Japon (6 586,4 de dollars), des États-Unis (6 545,9 de dollars) et de l'Allemagne (6 389,7 de dollars). La croissance des dépenses publiques à Madagascar était supérieure à celle des États-Unis (2,2%), du Japon (1,7%), de la France (1,7%) et de l'Allemagne (1,4%); mais inférieure à celle du Royaume-Uni (2,9%).

Les années 2010

Les dépense de consommation publique de Madagascar étaient de 1,8 milliards de dollars par an dans les années 2010, au 134ème rang mondial à égalité avec Maurice (1,8 milliards de dollars), la Macédoine du Nord (1,8 milliards de dollars). La part dans le monde était de 0,014% et de 0,55% en Afrique.

La part des dépenses publiques dans le PIB de Madagascar était de 14,9% dans les années 2010, au 124ème rang mondial, à égalité avec le Honduras (14,9%), les États-Unis (14,8%), le Yémen (14,7%).

Les dépenses publiques par habitant à Madagascar étaient de 75.9 dollars dans les années 2010, au 198ème rang mondial. Les dépense de consommation publique par habitant à Madagascar étaient 23,5 fois inférieures les dépense publique par habitant au Monde (1 785,1 US$), et 3,7 fois inférieures les dépense publique par habitant en Afrique (281,0 US$).

La croissance des dépenses publiques à Madagascar était de -3% dans les années 2010, au 207ème rang mondial. La croissance des dépenses publiques à Madagascar (-3,0%) a été inférieure à celle du monde (2,3%), et inférieure à celle de l'Afrique (3,0%).

Comparaison avec les voisins. Les dépense de consommation publique de Madagascar étaient 0,25% supérieures à celles de Maurice (1,8 milliards de dollars), 6,1 fois supérieures à celles des Seychelles (297,5 millions de dollars) et 17,7 fois supérieures à celles des Comores (102,9 millions de dollars); mais 46,3% inférieures à celles du Mozambique (3,4 milliards de dollars). Les dépenses publiques par habitant à Madagascar étaient 41,5 fois inférieures à celles des Seychelles (3 146,9 de dollars), 19,0 fois inférieures à celles de Maurice (1 441,5 de dollars), 43,3% inférieures à celles des Comores (133,8 de dollars) et 40,0% inférieures à celles du Mozambique (126,4 de dollars). La croissance des dépenses publiques à Madagascar était inférieure à celle du Mozambique (10,9%), des Seychelles (5,4%), des Comores (3,4%) et de Maurice (2,9%).

Comparaison avec les leaders. Les dépense de consommation publique de Madagascar étaient 1 458,6 fois inférieures à celles des États-Unis (2,7 billions de dollars), 923,0 fois inférieures à celles de la Chine (1,7 billions de dollars), 573,3 fois inférieures à celles du Japon (1,0 billions de dollars), 396,7 fois inférieures à celles de l'Allemagne (721,6 milliards de dollars) et 350,7 fois inférieures à celles de la France (637,9 milliards de dollars). Les dépense de consommation publique par habitant à Madagascar étaient 126,8 fois inférieures à celles de la France (9 617,6 de dollars), 116,2 fois inférieures à celles de l'Allemagne (8 815,0 de dollars), 109,5 fois inférieures à celles des États-Unis (8 304,9 de dollars), 107,5 fois inférieures à celles du Japon (8 152,8 de dollars) et 15,8 fois inférieures à celles de la Chine (1 197,3 de dollars). La croissance des dépenses publiques à Madagascar était inférieure à celle de la Chine (8,3%), de l'Allemagne (1,9%), du Japon (1,3%), de la France (1,3%) et des États-Unis (0,0052%).

Chapitre XIII. Dépenses ménagères

Dépenses de consommation des ménages

Les dépenses ménagères de Madagascar sont passés de 1,5 milliards de dollars par an dans les années 1970 à 8,9 milliards de dollars par an dans les années 2010, c'est-à-dire 7,4 milliards de dollars ou de 5,8 fois. La variation a été de 6,1 milliards de dollars en raison de l'augmentation de 3,2 fois des prix, et de -2,1 milliards de dollars en raison de la baisse du taux par habitant de 1,8 fois, et de 3,4 milliards de dollars en raison de la croissance démographique. La croissance annuelle moyenne des dépenses ménagères était de 1,5%. La valeur minimale était de 773,9 millions de dollars en 1970. La valeur maximale était de 10,0 milliards de dollars en 2019.

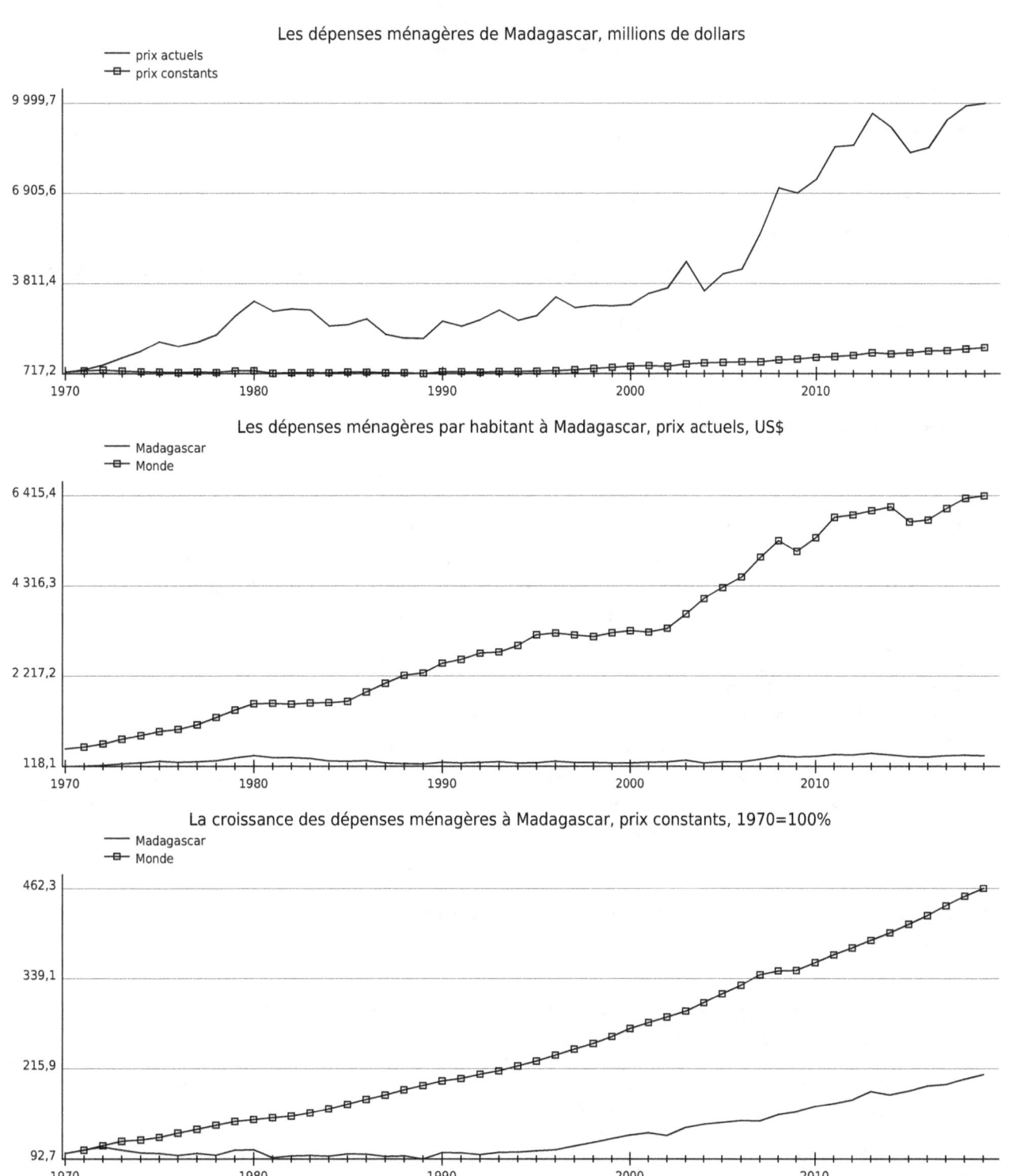

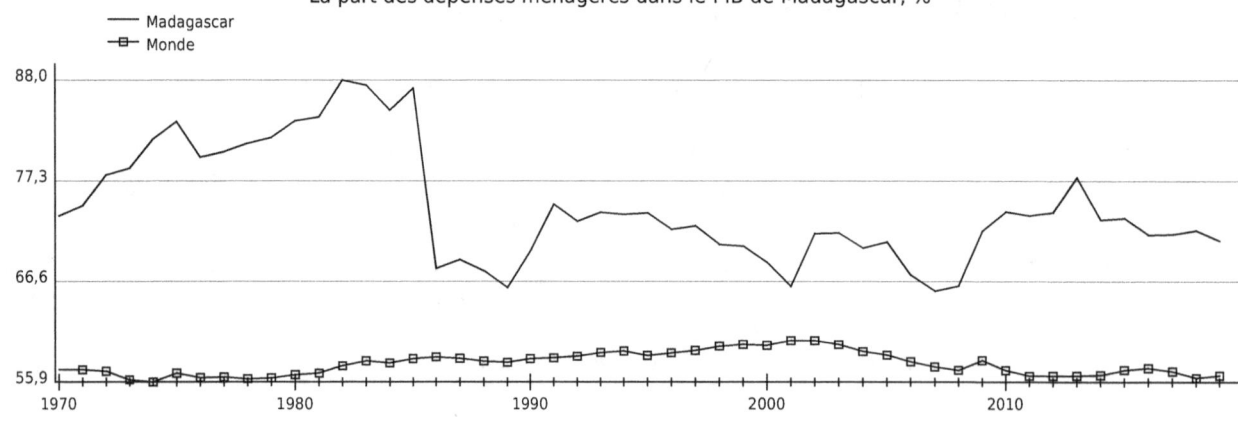

Les années 1970

Les dépenses ménagères de Madagascar étaient de 1,5 milliards de dollars par an dans les années 1970, au 88ème rang mondial. La part dans le monde était de 0,042% et de 1,4% en Afrique.

La part des dépenses ménagères dans le PIB de Madagascar était de 80,2% dans les années 1970, au 34ème rang mondial, à égalité avec le Sri Lanka (80,3%), le Burkina Faso (79,8%).

Les dépenses ménagères par habitant à Madagascar étaient de 205.5 dollars dans les années 1970, au 146ème rang mondial, à égalité avec les Salomon (203,2 de dollars). Les dépenses ménagères par habitant à Madagascar étaient 4,5 fois inférieures les dépenses ménagères par habitant au Monde (914,8 US$), et 24,2% inférieures les dépenses ménagères par habitant en Afrique (271,0 US$).

La croissance des dépenses ménagères à Madagascar était de 0.5% dans les années 1970, se classant au 165ème rang mondial. La croissance des dépenses ménagères à Madagascar (0,51%) a été inférieure à celle du monde (4,1%), et inférieure à celle de l'Afrique (4,1%).

Comparaison avec les voisins. Les dépenses ménagères de Madagascar étaient supérieures à celles de Maurice (377,1 millions de dollars), des Comores (77,5 millions de dollars) et des Seychelles (19,1 millions de dollars); mais inférieures à celles du Mozambique (4,6 milliards de dollars). Les dépenses ménagères par habitant à Madagascar étaient inférieures à celles du Mozambique (458,6 de dollars), de Maurice (424,9 de dollars), des Seychelles (325,5 de dollars) et des Comores (300,4 de dollars). La croissance des dépenses ménagères à Madagascar était inférieure à celle des Seychelles (9,1%), de Maurice (6,0%), des Comores (4,4%) et du Mozambique (3,9%).

Comparaison avec les leaders. Les dépenses ménagères de Madagascar étaient inférieures à celles des États-Unis (1,0 billions de dollars), de l'URSS (310,6 milliards de dollars), du Japon (280,9 milliards de dollars), de l'Allemagne (277,8 milliards de dollars) et de la France (180,7 milliards de dollars). Les dépenses ménagères par habitant à Madagascar étaient inférieures à celles des États-Unis (4 744,5 de dollars), de l'Allemagne (3 527,2 de dollars), de la France (3 371,0 de dollars), du Japon (2 523,0 de dollars) et de l'URSS (1 231,6 de dollars). La croissance des dépenses ménagères à Madagascar était inférieure à celle du Japon (5,1%), de l'URSS (4,7%), de la France (4,0%), des États-Unis (3,6%) et de l'Allemagne (3,6%).

Les années 1980

Les dépenses ménagères de Madagascar étaient de 2,5 milliards de dollars par an dans les années 1980, se situant au 97ème rang mondial à égalité avec la Guinée (2,5 milliards de dollars), la Papouasie-Nouvelle-Guinée (2,5 milliards de dollars). La part dans le monde était de 0,029% et de 0,93% en Afrique.

La part des dépenses ménagères dans le PIB de Madagascar était de 78,6% dans les années 1980, au 36ème rang mondial, à égalité avec le Mali (78,6%), d'Antigua-et-Barbuda (78,6%), l'Éthiopie (78,1%).

Les dépenses ménagères par habitant à Madagascar étaient de 253.3 dollars dans les années 1980, se classant au 162ème rang mondial, à égalité avec l'Ouganda (250,5 de dollars), le Bénin (250,4 de dollars), le Togo (256,5 de dollars). Les dépenses ménagères par habitant à Madagascar étaient 7,1 fois inférieures les dépenses ménagères par habitant au Monde (1 808,0 US$), et 49,1% inférieures les dépenses ménagères par habitant en Afrique (497,8 US$).

Chapitre XIII. Dépenses ménagères

La croissance des dépenses ménagères à Madagascar était de -1.2% dans les années 1980, au 172ème rang mondial. La croissance des dépenses ménagères à Madagascar (-1,2%) a été inférieure à celle du monde (3,0%), et inférieure à celle de l'Afrique (2,3%).

Comparaison avec les voisins. Les dépenses ménagères de Madagascar étaient supérieures à celles de Maurice (935,8 millions de dollars), des Comores (226,0 millions de dollars) et des Seychelles (96,5 millions de dollars); mais inférieures à celles du Mozambique (5,5 milliards de dollars). Les dépenses ménagères par habitant à Madagascar étaient inférieures à celles des Seychelles (1 399,8 de dollars), de Maurice (927,3 de dollars), des Comores (642,1 de dollars) et du Mozambique (438,1 de dollars). La croissance des dépenses ménagères à Madagascar était inférieure à celle de Maurice (4,7%), des Comores (3,5%), du Mozambique (0,12%) et des Seychelles (-0,67%).

Comparaison avec les leaders. Les dépenses ménagères de Madagascar étaient inférieures à celles des États-Unis (2,6 billions de dollars), du Japon (945,6 milliards de dollars), de l'Allemagne (575,7 milliards de dollars), de l'URSS (424,6 milliards de dollars) et du Royaume-Uni (416,5 milliards de dollars). Les dépenses ménagères par habitant à Madagascar étaient inférieures à celles des États-Unis (10 904,4 de dollars), du Japon (7 796,6 de dollars), de l'Allemagne (7 378,3 de dollars), du Royaume-Uni (7 376,3 de dollars) et de l'URSS (1 542,8 de dollars). La croissance des dépenses ménagères à Madagascar était inférieure à celle du Japon (3,7%), du Royaume-Uni (3,5%), des États-Unis (3,2%), de l'URSS (3,0%) et de l'Allemagne (1,8%).

Les années 1990

Les dépenses ménagères de Madagascar étaient de 2,8 milliards de dollars par an dans les années 1990, se classant au 120ème rang mondial à égalité avec l'Estonie (2,8 milliards de dollars), l'Afghanistan (2,8 milliards de dollars), la Zambie (2,9 milliards de dollars). La part dans le monde était de 0,017% et de 0,74% en Afrique.

La part des dépenses ménagères dans le PIB de Madagascar était de 72,3% dans les années 1990, se classant au 71ème rang mondial, à égalité avec Saint-Vincent-et-les-Grenadines (72,4%), la Somalie (72,3%), la Macédoine du Nord (72,2%).

Les dépenses ménagères par habitant à Madagascar étaient de 209.8 dollars dans les années 1990, se classant au 197ème rang mondial, à égalité avec l'Ouganda (208,2 de dollars). Les dépenses ménagères par habitant à Madagascar étaient 14,1 fois inférieures les dépenses ménagères par habitant au Monde (2 963,9 US$), et 2,5 fois inférieures les dépenses ménagères par habitant en Afrique (532,7 US$).

La croissance des dépenses ménagères à Madagascar était de 2.6% dans les années 1990, se situant au 107ème rang mondial, à égalité avec la Nouvelle-Zélande (2,6%), l'Andorre (2,6%), la Jordanie (2,6%). La croissance des dépenses ménagères à Madagascar (2,6%) a été inférieure à celle du monde (3,0%), et supérieure à celle de l'Afrique (2,6%).

Comparaison avec les voisins. Les dépenses ménagères de Madagascar étaient supérieures à celles de Maurice (2,3 milliards de dollars), des Comores (405,7 millions de dollars) et des Seychelles (211,0 millions de dollars); mais inférieures à celles du Mozambique (3,3 milliards de dollars). Les dépenses ménagères par habitant à Madagascar étaient inférieures à celles des Seychelles (2 792,5 de dollars), de Maurice (2 058,0 de dollars), des Comores (864,3 de dollars) et du Mozambique (216,1 de dollars). La croissance des dépenses ménagères à Madagascar était inférieure à celle de Maurice (4,8%), des Seychelles (4,7%), des Comores (4,0%) et du Mozambique (3,1%).

Comparaison avec les leaders. Les dépenses ménagères de Madagascar étaient inférieures à celles des États-Unis (4,9 billions de dollars), du Japon (2,3 billions de dollars), de l'Allemagne (1,2 billions de dollars), du Royaume-Uni (884,5 milliards de dollars) et de la France (783,0 milliards de dollars). Les dépenses ménagères par habitant à Madagascar étaient inférieures à celles des États-Unis (18 538,8 de dollars), du Japon (18 170,3 de dollars), du Royaume-Uni (15 280,6 de dollars), de l'Allemagne (15 158,9 de dollars) et de la France (13 185,2 de dollars). La croissance des dépenses ménagères à Madagascar était supérieure à celle de l'Allemagne (2,1%), du Japon (1,8%) et de la France (1,8%); mais inférieure à celle des États-Unis (3,4%) et du Royaume-Uni (2,8%).

Les années 2000

Les dépenses ménagères de Madagascar étaient de 4,6 milliards de dollars par an dans les années 2000, se situant au 125ème rang mondial. La part dans le monde était de 0,017% et de 0,70% en Afrique.

La part des dépenses ménagères dans le PIB de Madagascar était de 68,8% dans les années 2000, se situant au 83ème rang mondial, à égalité avec le Cameroun (68,8%), la Barbade (69,0%), l'Amérique centrale (69,1%).

Les dépenses ménagères par habitant à Madagascar étaient de 256 dollars dans les années 2000, se classant au 204ème rang mondial, à égalité avec la Birmanie (261,7 de dollars). Les dépenses ménagères par habitant à Madagascar étaient 16,4 fois inférieures les dépenses ménagères par habitant au Monde (4 208,2 US$), et 2,9 fois inférieures les dépenses ménagères par habitant en Afrique (735,9 US$).

La croissance des dépenses ménagères à Madagascar était de 2.7% dans les années 2000, se classant au 144ème rang mondial, à égalité avec le Koweït (2,7%), les Caraïbes (2,7%). La croissance des dépenses ménagères à Madagascar (2,7%) a été inférieure à celle du monde (3,0%), et inférieure à celle de l'Afrique (6,0%).

Comparaison avec les voisins. Les dépenses ménagères de Madagascar étaient supérieures à celles de Maurice (4,5 milliards de dollars), des Comores (619,2 millions de dollars) et des Seychelles (435,9 millions de dollars); mais inférieures à celles du Mozambique (6,1 milliards de dollars). Les dépenses ménagères par habitant à Madagascar étaient inférieures à celles des Seychelles (5 009,4 de dollars), de Maurice (3 658,9 de dollars), des Comores (1 022,0 de dollars) et du Mozambique (299,9 de dollars). La croissance des dépenses ménagères à Madagascar était supérieure à celle des Comores (2,4%); mais inférieure à celle du Mozambique (7,2%), des Seychelles (6,3%) et de Maurice (4,9%).

Comparaison avec les leaders. Les dépenses ménagères de Madagascar étaient inférieures à celles des États-Unis (8,5 billions de dollars), du Japon (2,6 billions de dollars), de l'Allemagne (1,5 billions de dollars), du Royaume-Uni (1,5 billions de dollars) et de la France (1,1 billions de dollars). Les dépenses ménagères par habitant à Madagascar étaient inférieures à celles des États-Unis (28 799,1 de dollars), du Royaume-Uni (24 959,3 de dollars), du Japon (20 355,9 de dollars), de l'Allemagne (18 912,2 de dollars) et de la France (18 146,8 de dollars). La croissance des dépenses ménagères à Madagascar était supérieure à celle des États-Unis (2,4%), du Royaume-Uni (2,1%), de la France (2,0%), du Japon (0,81%) et de l'Allemagne (0,46%).

Les années 2010

Les dépenses ménagères de Madagascar étaient de 8,9 milliards de dollars par an dans les années 2010, se situant au 127ème rang mondial à égalité avec le Burkina Faso (9,1 milliards de dollars). La part dans le monde était de 0,020% et de 0,59% en Afrique.

La part des dépenses ménagères dans le PIB de Madagascar était de 73,1% dans les années 2010, se classant au 61ème rang mondial, à égalité avec le Nicaragua (73,1%), le Bénin (73,1%), le Nigeria (73,3%).

Les dépenses ménagères par habitant à Madagascar étaient de 372.8 dollars dans les années 2010, se classant au 204ème rang mondial, à égalité avec le Mozambique (380,6 de dollars), le Niger (364,4 de dollars). Les dépenses ménagères par habitant à Madagascar étaient 16,1 fois inférieures les dépenses ménagères par habitant au Monde (6 018,5 US$), et 3,5 fois inférieures les dépenses ménagères par habitant en Afrique (1 292,9 US$).

La croissance des dépenses ménagères à Madagascar était de 2.8% dans les années 2010, se situant au 110ème rang mondial, à égalité avec le Zimbabwe (2,8%), le Monde (2,8%), l'Érythrée (2,8%). La croissance des dépenses ménagères à Madagascar (2,8%) a été supérieure à celle du monde (2,8%), et inférieure à celle de l'Afrique (3,3%).

Comparaison avec les voisins. Les dépenses ménagères de Madagascar étaient 9,0 fois supérieures à celles des Comores (994,4 millions de dollars) et 11,8 fois supérieures à celles des Seychelles (760,1 millions de dollars); mais 12,3% inférieures à celles du Mozambique (10,2 milliards de dollars) et 2,9% inférieures à celles de Maurice (9,2 milliards de dollars). Les dépenses ménagères par habitant à Madagascar étaient 21,6 fois inférieures à celles des Seychelles (8 040,7 de dollars), 19,6 fois inférieures à celles de Maurice (7 312,9 de dollars), 3,5 fois inférieures à celles des Comores (1 292,7 de dollars) et 2,1% inférieures à celles du Mozambique (380,6 de dollars). La croissance des dépenses ménagères à Madagascar était inférieure à celle des Seychelles (8,4%), du Mozambique (5,2%), des Comores (4,7%) et de Maurice (2,9%).

Comparaison avec les leaders. Les dépenses ménagères de Madagascar étaient 1 364,2 fois inférieures à celles des États-Unis (12,2 billions de dollars), 439,7 fois inférieures à celles de la Chine (3,9 billions de dollars), 334,3 fois inférieures à celles du Japon (3,0 billions de dollars), 219,1 fois inférieures à celles de l'Allemagne (2,0 billions de dollars) et 199,4 fois inférieures à celles du Royaume-Uni (1,8 billions de dollars). Les dépenses ménagères par habitant à Madagascar étaient 102,4 fois inférieures à celles des États-Unis (38 161,2 de dollars), 72,9 fois inférieures à celles du Royaume-Uni (27 164,8 de dollars), 64,2 fois inférieures à celles de l'Allemagne (23 925,0 de dollars), 62,6 fois inférieures à celles du Japon (23 352,2 de dollars) et 7,5 fois inférieures à celles de la Chine (2 801,9 de dollars). La croissance des dépenses ménagères à Madagascar était supérieure à celle des États-Unis (2,4%), du Royaume-Uni (1,8%), de l'Allemagne (1,4%) et du Japon (0,64%); mais inférieure à celle de la Chine (8,3%).

Chapitre XIV. Consommation de nourriture

Au cours de la période de recherche, la consommation alimentaire des produits suivants a augmenté: stimulants (de 2,6 fois), huiles végétales (de 4,8%), alcool (de 4,3%), racines riches (de 3,8%), noix (de 1,5%), mais diminué pour les produits suivants: céréales (de 13,6%), épices (de 15,1%), légumineuses (de 19,6%), poisson (de 49,1%), viande (de 59,9%), sucre (de 75,7%), œufs (de 79,3%), fruits (de 86,2%), légumes (de 87,8%), lait (de 96,9%).

Voici les coefficients de corrélation entre le RNB par habitant à prix constants et la consommation alimentaire: stimulants (0.57), alcool (0.455), huiles végétales (-0.043), noix (-0.137), céréales (-0.19), racines riches (-0.4), légumineuses (-0.459), sucre (-0.671), fruits (-0.697), œufs (-0.701), épices (-0.753), légumes (-0.855), viande (-0.902), lait (-0.908), poisson (-0.939).

Les années 1970

La consommation de kcal à Madagascar était de 2 514,2 kcal/jour par habitant dans les années 1970, au 58ème rang mondial à égalité avec l'Amérique du Sud (2 514,6 kcal/jour par habitant), le Maroc (2 524,9 kcal/jour par habitant), l'Amérique centrale (2 525,0 kcal/jour par habitant). La consommation de kcal à Madagascar était supérieur à celui dans le monde (2 403,2 kcal/jour par habitant), et était supérieur à celui en Afrique (2 120,4 kcal/jour par habitant). La consommation de kcal avait la structure suivante: céréales (58.1%), racines riches (14.9%), viande (5%), fruits (4.7%), sucre (4.6%), et d'autres (12.7%).

La consommation de protéines à Madagascar était de 61,4 g/jour par habitant dans les années 1970, au 76ème rang mondial à égalité avec l'Afrique du Nord (61,6 g/jour par habitant), le Venezuela (61,6 g/jour par habitant), le Belize (61,7 g/jour par habitant). La consommation de protéines à Madagascar était inférieur à celui dans le monde (65,0 g/jour par habitant), et était supérieur à celui en Afrique (54,9 g/jour par habitant). La consommation de protéines avait la structure suivante: céréales (53.3%), viande (14.3%), lait (7%), racines riches (5.9%), légumineuses (4.6%), et d'autres (14.9%).

La consommation de graisse à Madagascar était de 34,6 g/jour par habitant dans les années 1970, au 124ème rang mondial à égalité avec Djibouti (34,7 g/jour par habitant), l'Ouganda (34,6 g/jour par habitant), le Yémen (34,4 g/jour par habitant). La consommation de graisse à Madagascar était inférieur à celui dans le monde (55,1 g/jour par habitant), et était inférieur à celui en Afrique (43,8 g/jour par habitant). La consommation de graisse avait la structure suivante: viande (28.3%), céréales (17.8%), huiles végétales (17.5%), lait (13.3%), fruits (2.7%), et d'autres (20.4%).

Voici les niveaux de consommation alimentaire dans le classement mondial: 22ème - racines riches (150,8 kg/habitant/an), 42ème - céréales (147,4 kg/habitant/an), 44ème - épices (0,52 kg/habitant/an), 45ème - fruits (88,1 kg/habitant/an), 72ème - légumineuses (5,0 kg/habitant/an), 76ème - viande (23,2 kg/habitant/an), 82ème - noix (0,23 kg/habitant/an), 87ème - légumes (32,6 kg/habitant/an), 90ème - lait (50,5 kg/habitant/an), 94ème - poisson (7,4 kg/habitant/an), 100ème - œufs (1,3 kg/habitant/an), 112ème - sucre (13,5 kg/habitant/an), 115ème - alcool (6,1 kg/habitant/an), 126ème - huiles végétales (2,2 kg/habitant/an).

Les années 1980

La consommation de kcal à Madagascar était de 2 335,0 kcal/jour par habitant dans les années 1980, se classant au 90ème rang mondial à égalité avec l'Asie (2 333,4 kcal/jour par habitant), le Cap-Vert (2 352,2 kcal/jour par habitant), les Maldives (2 312,2 kcal/jour par habitant). La consommation de kcal à Madagascar était inférieur à celui dans le monde (2 572,3 kcal/jour par habitant), et était supérieur à celui en Afrique (2 241,9 kcal/jour par habitant). La consommation de kcal avait la structure suivante: céréales (56.3%), racines riches (18.3%), viande (5.4%), fruits (3.8%), sucre (3.7%), et d'autres (12.5%).

La consommation de protéines à Madagascar était de 56,0 g/jour par habitant dans les années 1980, se classant au 105ème rang mondial à égalité avec la Tanzanie (56,0 g/jour par habitant), les Salomon (56,1 g/jour par habitant). La consommation de protéines à Madagascar était inférieur à celui dans le monde (69,1 g/jour par habitant), et était inférieur à celui en Afrique (57,5 g/jour par habitant). La consommation de protéines avait la structure suivante: céréales (52.2%), viande (15.3%), racines riches (7.4%), lait (7.1%), légumineuses (4.2%), et d'autres (13.8%).

La consommation de graisse à Madagascar était de 33,6 g/jour par habitant dans les années 1980, se situant au 136ème rang mondial à égalité avec Djibouti (33,6 g/jour par habitant), les Philippines (33,9 g/jour par habitant). La consommation de graisse à Madagascar était inférieur à celui dans le monde (63,2 g/jour par habitant), et était inférieur à celui en Afrique (46,6 g/jour par habitant). La consommation de graisse avait la structure suivante: viande (29.3%), huiles végétales (22%), céréales (15.9%), lait (12.6%), fruits (2.7%), et d'autres (17.5%).

Voici les niveaux de consommation alimentaire dans le classement mondial: 16ème - racines riches (173,3 kg/habitant/an), 57ème - épices (0,52 kg/habitant/an), 61ème - céréales (132,8 kg/habitant/an), 62ème - stimulants (2,3 kg/habitant/an), 67ème - fruits (66,3 kg/habitant/an), 80ème - viande (22,5 kg/habitant/an), 86ème - noix (0,27 kg/habitant/an), 87ème - légumineuses (4,1 kg/habitant/an), 93ème - lait (47,0 kg/habitant/an), 105ème - poisson (7,1 kg/habitant/an), 106ème - légumes (27,8 kg/habitant/an), 118ème - sucre (10,1 kg/habitant/an), 122ème - alcool (4,8 kg/habitant/an), 125ème - œufs (0,92 kg/habitant/an), 136ème - huiles végétales (2,7 kg/habitant/an).

Les années 1990

La consommation de kcal à Madagascar était de 2 060,1 kcal/jour par habitant dans les années 1990, se situant au 144ème rang mondial à égalité avec le Yémen (2 060,6 kcal/jour par habitant), le Cameroun (2 061,3 kcal/jour par habitant), la Namibie (2 054,3 kcal/jour par habitant). La consommation de kcal à Madagascar était inférieur à celui dans le monde (2 652,6 kcal/jour par habitant), et était inférieur à celui en Afrique (2 365,6 kcal/jour par habitant). La consommation de kcal avait la structure suivante: céréales (53.1%), racines riches (21.4%), viande (5.5%), sucre (3.6%), huiles végétales (3.3%), et d'autres (13.1%).

La consommation de protéines à Madagascar était de 48,9 g/jour par habitant dans les années 1990, au 149ème rang mondial à égalité avec l'Est (48,9 g/jour par habitant), l'Ouganda (48,7 g/jour par habitant), le Togo (49,2 g/jour par habitant). La consommation de protéines à Madagascar était inférieur à celui dans le monde (72,1 g/jour par habitant), et était inférieur à celui en Afrique (60,1 g/jour par habitant). La consommation de protéines avait la structure suivante: céréales (50.5%), viande (15.2%), racines riches (8.5%), lait (6.5%), légumineuses (5.9%), et d'autres (13.4%).

La consommation de graisse à Madagascar était de 30,4 g/jour par habitant dans les années 1990, se situant au 163ème rang mondial à égalité avec la Zambie (30,7 g/jour par habitant). La consommation de graisse à Madagascar était inférieur à celui dans le monde (69,0 g/jour par habitant), et était inférieur à celui en Afrique (48,6 g/jour par habitant). La consommation de graisse avait la structure suivante: viande (29.7%), huiles végétales (25%), céréales (15.4%), lait (11.5%), fruits (2.6%), et d'autres (15.8%).

Voici les niveaux de consommation alimentaire dans le classement mondial: 17ème - racines riches (172,9 kg/habitant/an), 75ème - épices (0,47 kg/habitant/an), 77ème - stimulants (2,1 kg/habitant/an), 78ème - légumineuses (5,0 kg/habitant/an), 106ème - fruits (52,4 kg/habitant/an), 109ème - poisson (7,2 kg/habitant/an), 111ème - viande (19,8 kg/habitant/an), 119ème - lait (37,4 kg/habitant/an), 120ème - noix (0,24 kg/habitant/an), 140ème - sucre (8,5 kg/habitant/an), 143ème - alcool (4,0 kg/habitant/an), 148ème - œufs (0,90 kg/habitant/an), 152ème - légumes (23,0 kg/habitant/an), 154ème - huiles végétales (2,8 kg/habitant/an).

Les années 2000

La consommation de kcal à Madagascar était de 2 026,8 kcal/jour par habitant dans les années 2000, au 165ème rang mondial à égalité avec le Rwanda (2 026,7 kcal/jour par habitant), la République centrafricaine (2 033,9 kcal/jour par habitant), le Timor oriental (2 018,9 kcal/jour par habitant). La consommation de kcal à Madagascar était inférieur à celui dans le monde (2 765,9 kcal/jour par habitant), et était inférieur à celui en Afrique (2 509,9 kcal/jour par habitant). La consommation de kcal avait la structure suivante: céréales (59.4%), racines riches (18.9%), viande (3.8%), huiles végétales (3.7%), sucre (3.1%), et d'autres (11.1%).

La consommation de protéines à Madagascar était de 47,0 g/jour par habitant dans les années 2000, se situant au 167ème rang mondial. La consommation de protéines à Madagascar était inférieur à celui dans le monde (76,5 g/jour par habitant), et était inférieur à celui en Afrique (65,1 g/jour par habitant). La consommation de protéines avait la structure suivante: céréales (57.9%), viande (11.2%), racines riches (7.7%), légumineuses (5.7%), lait (5.1%), et d'autres (12.4%).

La consommation de graisse à Madagascar était de 26,8 g/jour par habitant dans les années 2000, au 171ème rang mondial. La consommation de graisse à Madagascar était inférieur à celui dans le monde (76,9 g/jour par habitant), et était inférieur à celui en Afrique (52,8 g/jour par habitant). La consommation de graisse avait la structure suivante: huiles végétales (31.5%), viande (22.1%), céréales (19.5%), lait (9.8%), fruits (2.6%), et d'autres (14.5%).

Voici les niveaux de consommation alimentaire dans le classement mondial: 18ème - racines riches (155,9 kg/habitant/an), 88ème - stimulants (2,8 kg/habitant/an), 100ème - épices (0,43 kg/habitant/an), 120ème - poisson (6,7 kg/habitant/an), 133ème - lait (28,3 kg/habitant/an), 134ème - fruits (46,0 kg/habitant/an), 135ème - noix (0,27 kg/habitant/an), 143ème - alcool (4,8 kg/habitant/an), 144ème - viande (14,0 kg/habitant/an), 154ème - œufs (0,82 kg/habitant/an), 160ème - sucre (6,8 kg/habitant/an), 163ème - légumes (18,1 kg/habitant/an), 164ème - huiles végétales (3,1 kg/habitant/an).

Les années 2010

Chapitre XIV. Consommation de nourriture

La consommation de kcal à Madagascar était de 2 065,8 kcal/jour par habitant dans les années 2010, au 172ème rang mondial à égalité avec la République centrafricaine (2 078,3 kcal/jour par habitant). La consommation de kcal à Madagascar était inférieur à celui dans le monde (2 869,3 kcal/jour par habitant), et était inférieur à celui en Afrique (2 612,5 kcal/jour par habitant). La consommation de kcal avait la structure suivante: céréales (60.9%), racines riches (18.6%), viande (3.9%), sucre (3.4%), fruits (3%), et d'autres (10.2%).

La consommation de protéines à Madagascar était de 47,3 g/jour par habitant dans les années 2010, au 170ème rang mondial. La consommation de protéines à Madagascar était inférieur à celui dans le monde (80,6 g/jour par habitant), et était inférieur à celui en Afrique (69,0 g/jour par habitant). La consommation de protéines avait la structure suivante: céréales (60.2%), viande (11.5%), racines riches (7.7%), légumineuses (5.2%), lait (4.6%), et d'autres (10.8%).

La consommation de graisse à Madagascar était de 24,9 g/jour par habitant dans les années 2010, au 173ème rang mondial. La consommation de graisse à Madagascar était inférieur à celui dans le monde (82,4 g/jour par habitant), et était inférieur à celui en Afrique (54,7 g/jour par habitant). La consommation de graisse avait la structure suivante: huiles végétales (25.4%), viande (25.2%), céréales (22%), lait (9.6%), fruits (2.6%), et d'autres (15.2%).

Voici les niveaux de consommation alimentaire dans le classement mondial: 16ème - racines riches (156,5 kg/habitant/an), 92ème - céréales (129,7 kg/habitant/an), 94ème - légumineuses (4,2 kg/habitant/an), 97ème - épices (0,45 kg/habitant/an), 105ème - stimulants (2,5 kg/habitant/an), 138ème - fruits (47,3 kg/habitant/an), 139ème - lait (25,6 kg/habitant/an), 140ème - poisson (4,9 kg/habitant/an), 143ème - noix (0,24 kg/habitant/an), 144ème - alcool (6,3 kg/habitant/an), 150ème - viande (14,5 kg/habitant/an), 162ème - œufs (0,74 kg/habitant/an), 168ème - légumes (17,3 kg/habitant/an), 170ème - huiles végétales (2,3 kg/habitant/an).

Partie V. Reproduction

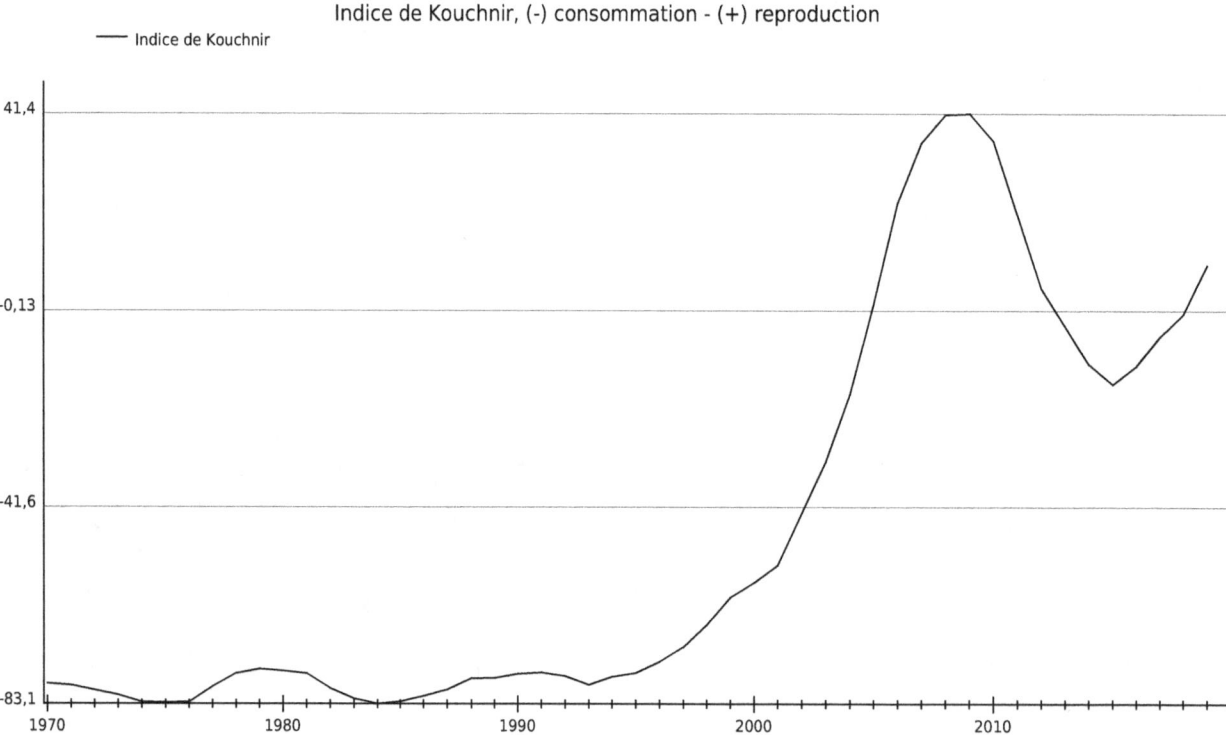

Chapitre XV. Formation de capital fixe

Formation brute de capital fixe

La formation de capital de Madagascar est passé de 206,8 millions de dollars par an dans les années 1970 à 2,6 milliards de dollars par an dans les années 2010, c'est-à-dire 2,3 milliards de dollars ou de 12,4 fois. La variation a été de 1,7 milliards de dollars en raison de l'augmentation de 2,9 fois des prix, et de 215,3 millions de dollars en raison de la croissance du taux par habitant de 1,3 fois, et de 456,2 millions de dollars en raison de la croissance démographique. La croissance annuelle moyenne de la formation de capital était de 3,4%. La valeur minimale était de 111,8 millions de dollars en 1970. La valeur maximale était de 4,1 milliards de dollars en 2008.

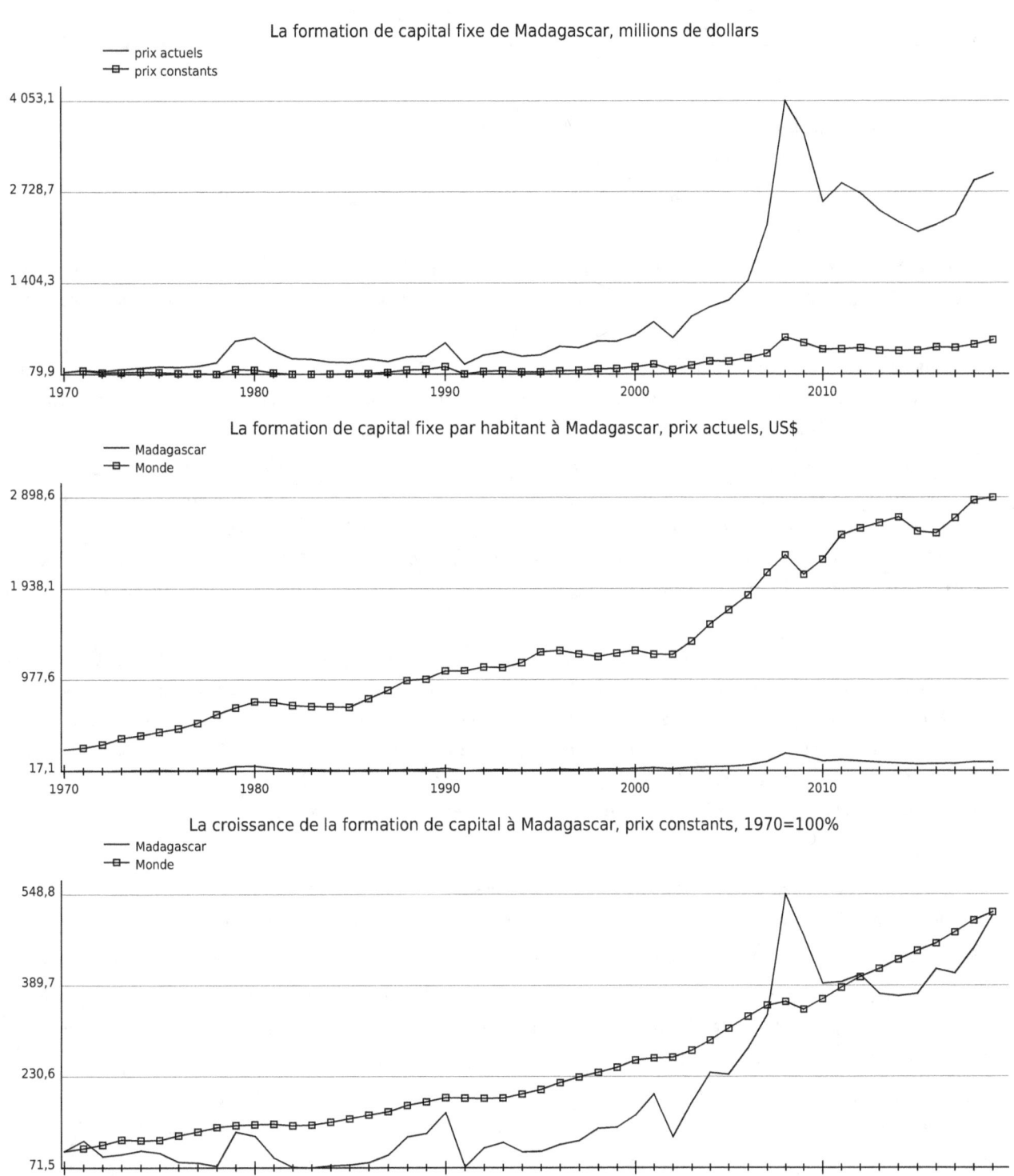

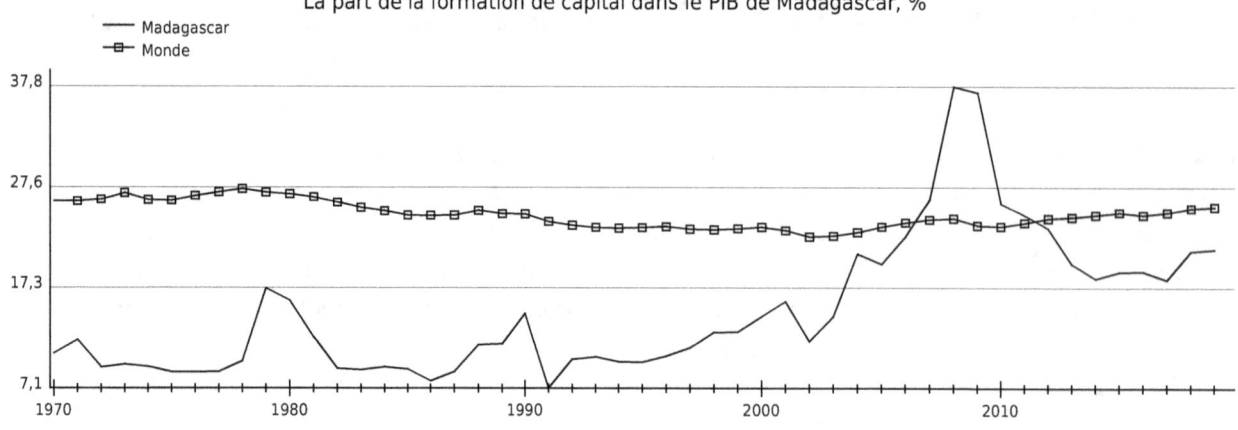

La part de la formation de capital dans le PIB de Madagascar, %

Les années 1970

La formation de capital fixe de Madagascar était de 206,8 millions de dollars par an dans les années 1970, se classant au 111ème rang mondial à égalité avec le Niger (203,8 millions de dollars). La part dans le monde était de 0,012% et de 0,17% en Afrique.

La part de la formation brute de capital fixe dans le PIB de Madagascar était de 10,8% dans les années 1970, au 173ème rang mondial, à égalité avec la Gambie (10,8%).

La formation de capital fixe par habitant à Madagascar était de 27.7 dollars dans les années 1970, se classant au 167ème rang mondial. La formation de capital fixe par habitant à Madagascar était 15,7 fois inférieure la formation de capital par habitant au Monde (433,5 US$), et 10,5 fois inférieure la formation de capital par habitant en Afrique (289,8 US$).

La croissance de la formation brute de capital fixe à Madagascar était de 3.3% dans les années 1970, au 128ème rang mondial, à égalité avec la Gambie (3,2%), le Portugal (3,2%). La croissance de la formation brute de capital fixe à Madagascar (3,3%) a été inférieure à celle du monde (4,2%), et inférieure à celle de l'Afrique (7,1%).

Comparaison avec les voisins. La formation de capital fixe de Madagascar était supérieure à celle de Maurice (153,5 millions de dollars), des Comores (33,1 millions de dollars) et des Seychelles (23,8 millions de dollars); mais inférieure à celle du Mozambique (698,1 millions de dollars). La formation de capital par habitant à Madagascar était inférieure à celle des Seychelles (404,2 de dollars), de Maurice (173,0 de dollars), des Comores (128,1 de dollars) et du Mozambique (69,1 de dollars). La croissance de la formation de capital à Madagascar était inférieure à celle de Maurice (15,4%), des Seychelles (9,2%), des Comores (4,4%) et du Mozambique (3,9%).

Comparaison avec les leaders. La formation de capital fixe de Madagascar était inférieure à celle des États-Unis (381,9 milliards de dollars), de l'URSS (214,6 milliards de dollars), du Japon (191,6 milliards de dollars), de l'Allemagne (125,8 milliards de dollars) et de la France (82,9 milliards de dollars). La formation de capital fixe par habitant à Madagascar était inférieure à celle des États-Unis (1 750,0 de dollars), du Japon (1 720,7 de dollars), de l'Allemagne (1 597,2 de dollars), de la France (1 545,4 de dollars) et de l'URSS (850,9 de dollars). La croissance de la formation de capital à Madagascar était supérieure à celle de l'URSS (3,2%), de la France (2,7%) et de l'Allemagne (1,5%); mais inférieure à celle des États-Unis (4,4%) et du Japon (3,9%).

Les années 1980

La formation de capital de Madagascar était de 336,9 millions de dollars par an dans les années 1980, au 119ème rang mondial à égalité avec Macao (330,3 millions de dollars). La part dans le monde était de 0,0088% et de 0,17% en Afrique.

La part de la formation brute de capital fixe dans le PIB de Madagascar était de 10,5% dans les années 1980, au 178ème rang mondial.

La formation de capital par habitant à Madagascar était de 33.9 dollars dans les années 1980, se situant au 175ème rang mondial. La formation de capital fixe par habitant à Madagascar était 23,4 fois inférieure la formation de capital par habitant au Monde (790,9 US$), et 10,7 fois inférieure la formation de capital fixe par habitant en Afrique (362,0 US$).

La croissance de la formation de capital à Madagascar était de -0.2% dans les années 1980, se situant au 127ème rang mondial. La croissance de la formation brute de capital fixe à Madagascar (-0,18%) a été inférieure à celle du monde (2,5%), et supérieure à celle de l'Afrique (-3,3%).

Chapitre XV. Formation de capital fixe

Comparaison avec les voisins. La formation de capital fixe de Madagascar était supérieure à celle de Maurice (314,2 millions de dollars), des Comores (83,1 millions de dollars) et des Seychelles (59,5 millions de dollars); mais inférieure à celle du Mozambique (631,4 millions de dollars). La formation de capital fixe par habitant à Madagascar était inférieure à celle des Seychelles (862,3 de dollars), de Maurice (311,3 de dollars), des Comores (236,0 de dollars) et du Mozambique (50,6 de dollars). La croissance de la formation de capital à Madagascar était supérieure à celle du Mozambique (-4,9%); mais inférieure à celle de Maurice (4,4%), des Seychelles (3,7%) et des Comores (0,082%).

Comparaison avec les leaders. La formation de capital de Madagascar était inférieure à celle des États-Unis (958,4 milliards de dollars), du Japon (571,7 milliards de dollars), de l'URSS (271,0 milliards de dollars), de l'Allemagne (238,1 milliards de dollars) et de la France (164,3 milliards de dollars). La formation de capital fixe par habitant à Madagascar était inférieure à celle du Japon (4 713,7 de dollars), des États-Unis (4 002,1 de dollars), de l'Allemagne (3 052,1 de dollars), de la France (2 907,7 de dollars) et de l'URSS (984,8 de dollars). La croissance de la formation de capital à Madagascar était inférieure à celle du Japon (4,8%), des États-Unis (3,1%), de la France (2,4%), de l'URSS (1,7%) et de l'Allemagne (1,4%).

Les années 1990

La formation de capital fixe de Madagascar était de 425,2 millions de dollars par an dans les années 1990, se classant au 144ème rang mondial à égalité avec le Malawi (423,7 millions de dollars), la Mongolie (432,9 millions de dollars), les Bermudes (415,0 millions de dollars). La part dans le monde était de 0,0063% et de 0,35% en Afrique.

La part de la formation de capital dans le PIB de Madagascar était de 11,0% dans les années 1990, se classant au 200ème rang mondial.

La formation de capital fixe par habitant à Madagascar était de 31.9 dollars dans les années 1990, au 198ème rang mondial, à égalité avec le Tchad (32,1 de dollars), le Cambodge (32,5 de dollars), la Somalie (32,5 de dollars). La formation de capital par habitant à Madagascar était 37,2 fois inférieure la formation de capital fixe par habitant au Monde (1 183,8 US$), et 5,4 fois inférieure la formation de capital par habitant en Afrique (173,2 US$).

La croissance de la formation de capital à Madagascar était de 0.8% dans les années 1990, au 145ème rang mondial. La croissance de la formation brute de capital fixe à Madagascar (0,79%) a été inférieure à celle du monde (2,8%), et inférieure à celle de l'Afrique (3,2%).

Comparaison avec les voisins. La formation de capital fixe de Madagascar était supérieure à celle des Seychelles (168,7 millions de dollars) et des Comores (88,9 millions de dollars); mais inférieure à celle de Maurice (974,3 millions de dollars) et du Mozambique (560,6 millions de dollars). La formation de capital par habitant à Madagascar était inférieure à celle des Seychelles (2 232,0 de dollars), de Maurice (871,0 de dollars), des Comores (189,4 de dollars) et du Mozambique (37,0 de dollars). La croissance de la formation brute de capital fixe à Madagascar était supérieure à celle des Comores (-3,3%); mais inférieure à celle du Mozambique (7,4%), de Maurice (6,5%) et des Seychelles (5,9%).

Comparaison avec les leaders. La formation de capital de Madagascar était inférieure à celle des États-Unis (1,6 billions de dollars), du Japon (1,3 billions de dollars), de l'Allemagne (520,7 milliards de dollars), de la France (299,3 milliards de dollars) et du Royaume-Uni (250,0 milliards de dollars). La formation de capital par habitant à Madagascar était inférieure à celle du Japon (10 425,9 de dollars), de l'Allemagne (6 456,6 de dollars), des États-Unis (6 067,2 de dollars), de la France (5 039,5 de dollars) et du Royaume-Uni (4 319,1 de dollars). La croissance de la formation de capital à Madagascar était supérieure à celle du Japon (0,18%); mais inférieure à celle des États-Unis (4,8%), de l'Allemagne (2,4%), du Royaume-Uni (1,7%) et de la France (1,5%).

Les années 2000

La formation de capital de Madagascar était de 1,7 milliards de dollars par an dans les années 2000, se classant au 123ème rang mondial à égalité avec la Bolivie (1,7 milliards de dollars), la Géorgie (1,6 milliards de dollars). La part dans le monde était de 0,015% et de 0,65% en Afrique.

La part de la formation brute de capital fixe dans le PIB de Madagascar était de 24,5% dans les années 2000, au 84ème rang mondial, à égalité avec la République dominicaine (24,6%), l'Afrique du Nord (24,4%), le Japon (24,7%).

La formation de capital par habitant à Madagascar était de 91.2 dollars dans les années 2000, au 189ème rang mondial, à égalité avec l'Est (92,0 de dollars), le Cambodge (92,4 de dollars). La formation de capital fixe par habitant à Madagascar était 18,5 fois inférieure la formation de capital fixe par habitant au Monde (1 690,7 US$), et 3,1 fois inférieure la formation de capital fixe par habitant en Afrique (280,9 US$).

La croissance de la formation brute de capital fixe à Madagascar était de 12.9% dans les années 2000, au 18ème rang mondial. La croissance de la formation de capital à Madagascar (12,9%) a été supérieure à celle du monde (3,5%), et supérieure à celle de l'Afrique (5,6%).

Comparaison avec les voisins. La formation de capital fixe de Madagascar était supérieure à celle de Maurice (1,6 milliards de dollars), du Mozambique (1,1 milliards de dollars), des Seychelles (217,4 millions de dollars) et des Comores (98,9 millions de dollars). La formation de capital fixe par habitant à Madagascar était supérieure à celle du Mozambique (55,8 de dollars); mais inférieure à celle des Seychelles (2 497,8 de dollars), de Maurice (1 276,3 de dollars) et des Comores (163,3 de dollars). La croissance de la formation de capital à Madagascar était supérieure à celle du Mozambique (11,0%), de Maurice (4,0%), des Comores (-0,20%) et des Seychelles (-6,1%).

Comparaison avec les leaders. La formation de capital de Madagascar était inférieure à celle des États-Unis (2,8 billions de dollars), du Japon (1,2 billions de dollars), de la Chine (1,0 billions de dollars), de l'Allemagne (557,7 milliards de dollars) et de la France (463,9 milliards de dollars). La formation de capital par habitant à Madagascar était inférieure à celle des États-Unis (9 376,4 de dollars), du Japon (8 981,8 de dollars), de la France (7 386,7 de dollars), de l'Allemagne (6 851,1 de dollars) et de la Chine (782,2 de dollars). La croissance de la formation brute de capital fixe à Madagascar était supérieure à celle de la France (1,6%), des États-Unis (0,43%), de l'Allemagne (-0,56%) et du Japon (-2,0%); mais inférieure à celle de la Chine (13,4%).

Les années 2010

La formation de capital fixe de Madagascar était de 2,6 milliards de dollars par an dans les années 2010, au 136ème rang mondial à égalité avec le Mali (2,5 milliards de dollars), le Bénin (2,6 milliards de dollars). La part dans le monde était de 0,013% et de 0,50% en Afrique.

La part de la formation de capital dans le PIB de Madagascar était de 20,9% dans les années 2010, se situant au 127ème rang mondial, à égalité avec l'Arménie (20,9%), la Tunisie (20,7%).

La formation de capital par habitant à Madagascar était de 106.6 dollars dans les années 2010, se classant au 200ème rang mondial, à égalité avec Sierra Leone (104,3 de dollars). La formation de capital par habitant à Madagascar était 24,6 fois inférieure la formation de capital par habitant au Monde (2 621,1 US$), et 4,1 fois inférieure la formation de capital par habitant en Afrique (440,4 US$).

La croissance de la formation de capital à Madagascar était de 0.7% dans les années 2010, se classant au 162ème rang mondial, à égalité avec le Vanuatu (0,72%). La croissance de la formation de capital à Madagascar (0,72%) a été inférieure à celle du monde (4,1%), et inférieure à celle de l'Afrique (3,1%).

Comparaison avec les voisins. La formation de capital de Madagascar était 3,9% supérieure à celle de Maurice (2,5 milliards de dollars), 5,3 fois supérieure à celle des Seychelles (480,8 millions de dollars) et 15,8 fois supérieure à celle des Comores (161,9 millions de dollars); mais 48,2% inférieure à celle du Mozambique (4,9 milliards de dollars). La formation de capital par habitant à Madagascar était 47,7 fois inférieure à celle des Seychelles (5 086,1 de dollars), 18,3 fois inférieure à celle de Maurice (1 955,2 de dollars), 49,3% inférieure à celle des Comores (210,4 de dollars) et 42,1% inférieure à celle du Mozambique (184,2 de dollars). La croissance de la formation de capital à Madagascar était inférieure à celle du Mozambique (15,2%), des Seychelles (6,7%), des Comores (3,9%) et de Maurice (1,1%).

Comparaison avec les leaders. La formation de capital fixe de Madagascar était 1 769,4 fois inférieure à celle de la Chine (4,5 billions de dollars), 1 408,0 fois inférieure à celle des États-Unis (3,6 billions de dollars), 473,5 fois inférieure à celle du Japon (1,2 billions de dollars), 294,4 fois inférieure à celle de l'Allemagne (752,5 milliards de dollars) et 272,6 fois inférieure à celle de l'Inde (696,8 milliards de dollars). La formation de capital fixe par habitant à Madagascar était 105,7 fois inférieure à celle des États-Unis (11 264,9 de dollars), 88,7 fois inférieure à celle du Japon (9 460,2 de dollars), 86,2 fois inférieure à celle de l'Allemagne (9 192,9 de dollars), 30,2 fois inférieure à celle de la Chine (3 224,9 de dollars) et 5,0 fois inférieure à celle de l'Inde (535,2 de dollars). La croissance de la formation de capital à Madagascar était inférieure à celle de la Chine (8,0%), de l'Inde (5,8%), des États-Unis (3,8%), de l'Allemagne (2,8%) et du Japon (1,8%).